KB053297

배현

現) 위스콘신매디슨대학교 SLA연구소 연구원으로 활동 중
　　위스콘신매디슨대학교 언어학 박사과정 진행 중
前) 중국 연변과학기술대학교 영어과 졸업
　　영국 에든버러대학교 언어교육과 졸업
　　자유기독학교 영어, 중국어 교사
　　코너스톤 어학원 영어 강사
　　Tomedes 번역가 활동
　　도서 해피타임 번역

주요저서

369 일상영어 완전정복(반석출판사)
줄줄이 꼬리 영어 꾸러미(반석출판사)
즉석 비즈니스 영어 회화(탑메이드북)

일상생활 영어 회화 급상승

저　자　배현
발행인　고본화
발　행　탑메이드북
교재공급처　반석출판사
2024년 7월 5일 초판 3쇄 인쇄
2024년 7월 10일 초판 3쇄 발행
반석출판사 | www.bansok.co.kr
이메일 | bansok@bansok.co.kr
블로그 | blog.naver.com/bansokbooks

07547 서울시 강서구 양천로 583. B동 1007호
(서울시 강서구 염창동 240-21번지 우림블루나인 비즈니스센터 B동 1007호)
대표전화 02) 2093-3399　　팩　스 02) 2093-3393
출 판 부 02) 2093-3395　　영업부 02) 2093-3396
등록번호　제315-2008-000033호

Copyright ⓒ 배현

ISBN 978-89-7172-968-7 (13740)

■ 본 책은 반석출판사에서 제작, 배포하고 있습니다.
■ 교재 관련 문의 : bansok@bansok.co.kr을 이용해 주시기 바랍니다.
■ 이 책에 게재된 내용의 일부 또는 전체를 무단으로 복제 및 발췌하는 것을 금합니다.
■ 파본 및 잘못된 제품은 구입처에서 교환해 드립니다.

무조건
따라하면
통하는

일상생활
영어 회화
급상승

탑메이드북

머리말

영어는 이제 필수 언어가 되어버렸습니다. 영국의 교육기관인 British Council 의 정보에 따르면 2018년도에 영어 학습자 인구가 이미 15억을 넘었다고 합니다. 2018년 전 세계 인구수가 약 75억이었던 것을 감안하면 세계 인구의 5분의 1이 영어공부를 하고 있다는 것입니다. 우리는 지금 영어의 시대에 살고 있습니다. 하지만 그렇다고 현대인들이 다 영어를 잘하는 것은 아닙니다. 영어를 잘하고 싶은데 안 되는 학습자들이 더 많습니다. 특히 중장년층 학습자들에게는 공부에 집중할 시간이 없는데 영어로 말해야 하는 상황은 점점 많아지고 있습니다. 『일상생활 영어 회화 급상승』은 이러한 학습자들과 영어로 말하고 싶어하는 젊은이들이 영어회화를 빨리 습득할 수 있도록 제작되었습니다.

의사소통은 질문과 대답의 연속입니다. 상대방에게 질문을 잘해야 하고 상대방의 질문에도 잘 대답해야 합니다. 이 책은 이러한 의사소통의 특징을 바탕으로 만들어졌습니다. 던져진 질문에 대해 대답해가는 과정을 반복하다 보면 어느새 능숙하게 영어로 말하는 자신을 발견할 수 있을 것입니다.

『일상생활 영어 회화 급상승』은 총 100개의 질문이 제시되어 있고 그 질문에 적절한 답변을 할 수 있도록 구성되어 있습니다. 100개의 질문을 총 10개의 주제로 분류하여, 주제에 맞는 다양한 질문을 제시하고 그에 맞는 대답들을 소개합니다. 또한 다양한 표현들을 통해서 실제 상황에서 어떻게 질문이 사용되고 질문을 받을 때 어떻게 대답해야 하는지 배울 수 있습니다.

본문에 있는 모든 영어 문장은 반석출판사 홈페이지에서 무료로 제공되는 mp3 파일에 녹음되어 있습니다. 원어민이 녹음한 음원을 들으면서 효율적으로 공부하실 수 있으니 적극적으로 활용해보세요.

본 교재가 학습자에게 영어의 새로운 학습법이 되고 학습에 도움이 되기를 바랍니다.

배 현

구성

이 책은 10개의 주제로 분류하여 각 주제별로 10개의 질문으로 구성하였고, 각 질문에 답변을 제시하였습니다.

질문과 답변

타이틀이 되는 질문과 그 질문에 알맞은 답변 세 가지, 그리고 해당 페이지의 주요 표현에 대한 설명을 제시하였습니다.

관련 표현

타이틀 문장과 답변에 관련된 표현들을 네 개 제시하고 해당 페이지에 사용된 주요 단어와 팁을 정리하였습니다.

대화문

타이틀 문장을 활용한 대화문을 싣고 사용된 주요 단어와 팁을 정리하였습니다.

목차

Part 01

소개

패턴 001

Good morning/afternoon/evening!

굿 몰닝/에프너눈/이브닝!

우리나라는 시간과 관계없이 **"안녕"** 혹은 **"안녕하세요"** 한 단어로 인사를 하지만, 영어에서는 시간에 따라서 다르게 인사할 수도 있고 시간과 관계없이 간단하게 인사할 수도 있습니다.

Good morning/afternoon/evening!
굿 몰닝/에프터눈/이브닝!

안녕하세요!

Hello/Hi!
헬로우/하이!

안녕하세요!

Hey!
헤이!

안녕!

TIP 위의 표현들은 모두 우리나라의 "안녕" 혹은 "안녕하세요"라고 할 수 있습니다. 영어에는 존대어의 개념이 특별히 정해져 있지 않아서 어른들을 만나도 Hi라고 인사할 수 있습니다. 하지만 공식적인 자리에서는 시간의 개념이 포함된 Good morning/afternoon/evening을 사용하는 것이 바람직합니다.

10

☑ 잘 지내?
How are you?
하우 얼 유?

☑ 잘 지내지?
What's up?
왓첩?

☑ 요즘 어때?
How's it going?
하우즈잇 고잉?

☑ 여기서 보니 반갑다.
Good to see you here.
굿 투 씨유 히 얼.

영어권 사람들은 인사를 할 때 "안녕" 한 마디만 하지 않고 안부 묻는 표현을 함께 사용합니다. 예를 들어 Hi! How are you? 이렇게 인사와 안부를 함께 하는 것입니다. 하지만 여기서의 안부는 정말로 안부를 묻고 싶어서 묻는 것이 아니라 인사의 의미로 하는 것이기 때문에 구체적으로 대답할 필요가 없습니다.

단어

how 어떻게
what 무엇
go 가다, 지나가다
see 보다
here 여기

A : 안녕 벤.
Good morning, Ben.
굿 몰닝, 벤.

B : 안녕! 샘. 잘 지내?
Hey! Sam. How are you?
헤이! 쌤. 하우 얼 유?

A : 잘 지내.
I am good.
아이 엠 굿.

B : 여기서 보니 반갑다.
Good to see you here.
굿 투 씨유 히얼.

A : 나도 여기서 너를 보니 반가워.
Good to see you here too.
굿 투 씨유 히얼 투.

B : 너 오늘 멋져 보인다.
You look great today.
유 룩 그뤠잇 투데이.

good 좋은

too ~도 (또한),
역시, 너무

look ~해 보인다

great 멋진

영어에서는 인사를 할 때 이름을 함께 불러줍니다. 이름을 말해주면 더욱 친근감 있게 들리고 '내가 당신을 신경쓰고 있습니다'라는 것을 간접적으로 암시해줄 수 있기 때문입니다.

Could you introduce yourself?

쿠쥬 인트로듀쓰 유얼쎌프?

패턴
002

"소개 좀 해주시겠어요?"라는 표현으로 상대방이 우리에게 자기소개를 부탁할 때에 사용하는 표현입니다. 자연스럽게 자신을 소개하는 경우도 있지만 이렇게 질문을 통해 직접적으로 요청받을 수도 있습니다.

Yes, I could.   네, 알겠습니다.

예스, 아이 쿠드.

Okay, I am Ben.   네. 저는 벤입니다.

오케이, 아이 엠 벤.

Okay, I will introduce myself.   네, 제 소개를 하겠습니다.

오케이, 아이 윌 인트로듀쓰 마이쎌프.

TIP

우리나라 사람들은 주로 공식적인 만남을 하거나 얼굴을 자주 보게 될 사람들에게 자신의 이름을 알려줍니다. 하지만 영어권 나라들에서는 이름을 말하는 것이 아주 자연스러워서 자주 안 보는 사람들, 심지어 길에서 잠깐 만난 사람에게도 자신의 이름을 알려줍니다.

☑ 제 소개를 하겠습니다.
Let me introduce myself.
렛미 인트로듀쓰 마이쎌프.

☑ 소개 좀 해주시겠어요?
Could you introduce yourself?
쿠쥬 인트로듀쓰 유얼쎌프?

☑ 저는 캘리포니아 출신입니다.
I am from California.
아이 엠 프럼 캘리포니아.

☑ 만나서 반갑습니다.
Nice to meet you.
나이쓰 투 미츄.

단어

introduce
소개하다

from ~으로부터

meet 만나다

nice 좋은, 반가운

영어권 사람들은 자기소개를 할 때 이름을 말한 후 자신이 어느 지역 출신이라고 말하는 경향이 있습니다. 특히 미국은 나라가 커서 자신이 어느 지역 출신인지 자주 이야기합니다. 다른 나라에서 왔을 경우에는 출신 지역이 아니라 나라 이름을 말하면 됩니다.

A : 소개 좀 해주시겠어요?

Could you introduce yourself?

쿠쥬 인트로듀쓰 유얼쎌프?

B : 네, 저는 제인입니다.

Ok, I am Jane.

오케이, 아이 엠 제인.

A : 만나서 반갑습니다, 제인. 저는 벤입니다.

Nice to meet you, Jane. I am Ben.

나이쓰 투 미츄, 제인. 아이 엠 벤.

B : 저도 만나서 반갑습니다.

Nice to meet you too.

나이쓰 투 미츄 투.

A : 어디 출신이세요?

Where are you from?

웨얼 얼 유 프럼?

B : 저는 뉴욕 출신입니다.

I am from New York.

아이 엠 프럼 뉴욕.

단어

where 어디

New York 뉴욕

우리나라에서는 소개를 할 때 자주 나이를 말하는데 미국에서는 소개를 할 때 특별한 경우를 제외하고 나이를 말하지 않습니다. 우리나라처럼 나이에 대한 개념이 강하지 않기 때문입니다. 그래서 영어로 소개를 할 때는 나이 대신에 출신을 말하면 됩니다.

패턴 003

Anything new?
에니띵 뉴?

"새로운 일 있어요?"라는 뜻의 안부 인사입니다. 안부를 묻는 표현은 여러 가지가 있습니다. 앞에서 보았듯이 우리가 흔히 알고 있는 "잘 지냈어?"라는 뜻의 How are you? 도 안부의 뜻이 있지만, 인사와 함께 형식적으로 사용되는 경우가 많고 정말로 특별한 일이 있는지 물어볼 때는 이 표현을 많이 씁니다.

Nothing special.
나띵 스페셜.

별거 없어요.

I got a cold.
아이 가러 콜드.

감기 걸렸어요.

I have been busy with work.
아이 해브 빈 비지 윗 월크.

일로 바쁘게 지냈어요.

TIP

have been은 과거부터 현재까지 그랬다는 것을 나타낼 때 사용되는 표현입니다. 예를 들어 "과거부터 현재까지 슬펐다"라는 문장을 만들면 I have been sad라고 말하면 됩니다.

☑ 오랜만이다.
Long time no see.
롱 타임 노우 씨.

☑ 잘 지냈어?
How have you been?
하우 해브 유 빈?

☑ 사업은 어때?
How is your business?
하우 이즈 유얼 비즈니스?

☑ 예전과 똑같아.
Same as before.
쎄임 에즈 비폴.

단어

long 긴, 오랜

is ~이다

business 사업

same 같은

before 전에, 앞에

첫 번째와 두 번째 표현인 Long time no see와 How have you been은 오랜만에 만난 사람들에게 쓰는 표현입니다. 자주 보는 사람들에게는 세 번째 표현인 How is + 명사를 주로 사용합니다.

A : 오랜만이다.

Long time no see.

롱 타임 노우 씨.

B : 응, 잘 지냈어?

Yeah, How have you been?

예, 하우 해브 유 빈?

A : 잘 지냈어!

Great!

그뤠잇!!

B : 뭐 새로운 거 있어?

Anything new?

에니띵 뉴?

A : 일 구했어. 너는 어때?

I got a new job. How about you?

아이 가러 뉴 좝. 하우 어바웃 유?

B : 전이랑 똑같아.

Same as before.

쎄임 에즈 비폴.

great 좋은

anything 어떤 것

got 얻었다

job 일, 직장

about ～에 대해서

How about you?는 상대방이 한 질문을 똑같이 상대방에게 할 때 사용하는 표현입니다. 더 간단하게 You?라고 표현하기도 합니다. 아주 유용한 표현이니 꼭 알아둡시다.

Where are you from?

웨얼 얼 유 프럼?

"어디에서 왔어요?"라는 표현입니다. 세계가 글로벌화되면서 점점 해외에 나갈 기회가 늘어나고 있습니다. 해외에 나가면 우리가 아시아 사람인 줄은 알지만 정확히 어느 나라에서 온 지 모르기 때문에 이 질문을 많이 받습니다.

I am from South Korea.   저는 한국에서 왔습니다.

아이 엠 프럼 싸우스 코뤼아.

I am a South Korean.   저는 한국 사람입니다.

아이 엠 어 싸우스 코뤼언.

I come from South Korea.   저는 한국에서 왔습니다.

아이 컴 프럼 싸우스 코뤼아.

TIP

자신이 어디에서 왔는지 말할 때는 주로 위의 세 표현 중 하나를 사용합니다. 마지막 표현에서 come은 "오다"라는 동사로 현재형이 쓰였는데, 자기가 어디 출신이라고 말할 때는 과거형 came이 아닌 현재형을 쓰는 것이 옳습니다. (오다: come, 왔다: came)

☑ 남편은 미국인입니다.
My husband is an American.
마이 허쓰밴드 이즈 언 어메리칸.

☑ 한국 사람 같아 보여요.
You look like a Korean.
유 룩 라이크 어 코뤼언.

☑ 유럽 사람 같아 보여요.
You look like a European.
유 룩 라이크 어 유러피언.

☑ 영어 정말 잘하시네요.
Your English is really good.
유얼 잉글리쉬 이즈 뤼얼리 굿.

단어

husband 남편

look like ~처럼 보이다

Korean 한국 사람

European 유럽 사람

really 정말

look like는 "~처럼 보이다"라는 뜻입니다. like가 동사로 사용될 때는 "좋아하다"라는 뜻이 되지만 전치사로 사용될 때는 "~처럼"의 뜻을 갖습니다. like가 전치사로 사용될 때도 많으니 잘 기억해두세요.

A : 어디서 오셨어요?
Where are you from?
웨얼 얼 유 프럼?

B : 저는 한국에서 왔습니다.
I am from South Korea.
아이 엠 프럼 싸우스 코뤼아.

A : 와! 영어 정말 잘하시네요.
Wow! Your English is really good.
와우! 유얼 잉글리쉬 이즈 뤼얼리 굿.

B : 감사해요. 당신은 유럽 사람 같아 보여요.
Thank you. You look like a European.
땡큐. 유 룩 라이크 어 유러피언.

A : 아! 저는 멕시코에서 왔어요.
Oh! I come from Mexico.
오! 아이 컴 프럼 멕씨코.

단어

Wow 와 (감탄사)

Oh 아 (감탄사)

Mexico 멕시코

Mexican
멕시코의

food 음식

B : 정말이요? 저 멕시칸 음식 좋아해요.
Really? I love Mexican food.
뤼얼리? 아이 러브 멕씨칸 풋.

Wow!와 Oh!는 감탄사입니다. 영어권에서는 상대방의 말에 잘 반응해주는 것이 중요하기 때문에 감탄사를 자주 사용합니다. 이 감탄사들을 사용해서 영어권 사람들과 이야기할 때 적극적으로 반응해보세요.

패턴

005

What's your name?
와츠 유얼 네임?

"이름이 무엇입니까?"라는 뜻으로 상대방에게 이름을 물어볼 때 사용하는 표현입니다. 영어권에서는 상대방과 친하든 친하지 않든 이름을 말하는 것이 아주 자연스럽기 때문에 어떻게 이름을 말하는지 잘 익혀두어야 합니다.

I am Paul.
아이 엠 폴.

저는 폴입니다.

My name is Paul.
What's your name?
마이 네임 이즈 폴. 와츠 유얼 네임?

저의 이름은 폴입니다.
당신의 이름은 무엇입니까?

Please call me Paul.
플리즈 콜 미 폴.

폴이라고 불러주세요.

TIP 이름을 말하는 표현은 위와 같이 다양합니다. 영어권 사람들은 처음 만나는 사람에게 인사하는 순간 이름을 말합니다. 혹시 What's your name? 이라는 질문을 받지 않더라도 상대방이 이름을 말하면 같이 이름을 말하면 됩니다.

☑ 이름을 좀 여쭤봐도 될까요?
Can I ask you what your name is?
캔 아이 에스크 유 왓 유얼 네임 이즈?

☑ (성이 아닌) 이름이 어떻게 되세요?
What's your first name?
와츠 유얼 펄스트 네임?

☑ 성이 어떻게 되세요?
What's your last name?
와츠 유얼 라스트 네임?

우리나라에 성과 이름이 있듯이 영어에도 first name과 last name이 있습니다. first name은 이름을 말하고 last name은 성을 말합니다. (우리나라와 순서가 반대입니다.) 실제로도 누군가를 부를 때 이름을 먼저 말하고 성을 다음에 말합니다. 그래서 영어권에 간 한국 사람들을 부를 때 Danny Kim, John Lee, Janny Park이라고 부르는 것입니다.

단어

ask 묻다
name 이름, 성함
first 첫 번째
last 마지막

A : 당신의 이름은 무엇인가요?

What's your name?

와츠 유얼 네임?

B : 제 이름은 존입니다. 당신은 성함이 어떻게 되세요?

My name is John. What's your name?

마이 네임 이즈 좐. 와츠 유얼 네임?

A : 저는 제인입니다.

I am Jane.

아이 엠 제인.

B : 성이 어떻게 되세요?

What's your last name?

와츠 유얼 라스트 네임?

A : 제 성은 김입니다.

My last name is Kim.

마이 라스트 네임 이즈 킴.

B : 제 아내의 성도 김이에요.

My wife's last name is also Kim.

마이 와이프스 라스트 네임 이즈 올쏘 킴.

영어에서는 다른 사람을 부를 때 주로 이름을 부릅니다. 하지만 높은 분이거나 예의를 갖춰야 하는 분일 경우에는 직함에 성을 붙여서 부릅니다. 직함은 다양하지만 일반적으로 Mr. (남자), Mrs. (결혼한 여자), Miss (결혼 여부를 알 수 없는 여자)를 사용합니다. 예를 들어 결혼한 김 씨 여인을 부를 때는 Mrs. Kim이라고 부르면 됩니다.

wife 아내

also 역시, ~도

Where do you live?
웨얼 두 유 리브?

"어디에 사세요?"라는 뜻으로 상대방이 어디에 살고 있는지 물어보는 표현입니다. Where are you from?이 출신을 묻는 질문이었다면 이 질문은 현재 살고 있는 곳을 물어보는 질문입니다. 구체적인 주소를 물어보는 상황이 아니면 도시 혹은 거리 이름을 말하면 됩니다.

I live in Seoul.
아이 리브 인 서울.

서울에 삽니다.

I live near Busan Station.
아이 리브 니얼 부산 스테이션.

부산역 근처에 삽니다.

I live around here.
아이 리브 어롸운드 히얼.

여기 주변에 살아요.

TIP

I live를 말한 후 도시를 말하고 싶으면 in(~에), 특정 장소 가까이에 산다고 말하고 싶으면 near(~가까이에), 그리고 대화가 이루어지는 곳 근처에 산다고 말하고 싶으면 around(~주변에) here(여기)을 쓰면 됩니다.

관련표현

☑ 주소가 어떻게 되세요?
What's your address?
와츠 유얼 어쥬레스?

☑ 서울이 고향입니까?
Is Seoul your hometown?
이즈 서울 유얼 홈타운?

☑ 저는 ABC 아파트에 삽니다.
I live in ABC Apartment.
아이 리브 인 에이비씨 아팔트먼트.

☑ 여기서 먼가요?
Is it far from here?
이즈 잇 팔 프럼 히얼?

단어

live 살다
address 주소
hometown 고향
apartment
아파트
far 먼

구체적인 주소를 물을 때는 address(주소)라는 단어를 사용합니다. 하지만 이렇게 구체적인 주소를 묻는 질문은 주소를 꼭 알려줘야 하는 상황에서 쓰고, 평소에는 일반적인 질문인 Where do you live?를 사용합니다.

26

A : 어디에 사세요?
Where do you live?
웨얼 두 유 리브?

B : 서울역 근처에 삽니다.
I live near Seoul Station.
아이 리브 니얼 서울 스테이션.

A : 저도 거기 살아요.
I live there too.
아이 리브 데얼 투.

B : 정말요? 서울이 고향인가요?
Really? Is Seoul your hometown?
뤼얼리? 이즈 서울 유얼 홈타운?

A : 네, 저는 서울에서 태어났습니다.
Yes, I was born in Seoul.
예스, 아이 워즈 본 인 서울.

B : 저도 그래요.
Me too.
미 투.

단어

station 역

born 태어난

was ~이었다

me too 나도
마찬가지다

어디에 사는지에 대해 이야기한 후에 다양한 주제가 나올 수 있습니다. 대표적인 주제가 바로 고향입니다. 위의 대화 내용을 잘 숙지해서 실제 상황에서 사용해보세요.

패턴
007

How many people in your family?

하우 메니 피플 인 유얼 페밀리?

"가족이 몇 명이세요?"라는 뜻입니다. 영어에서는 셀 수 있는 개념의 수를 물어볼 때 how many를 사용합니다. 반면에 셀 수 없는 개념의 양을 물어볼 때는 how much를 씁니다.

Four people.
폴 피플.

4명입니다.

There are five people in my family.
데얼 얼 파이브 피플 인 마이 페밀리.

우리 가족은 5명입니다.

Three people: father, mother and me.
쓰리 피플: 파덜, 마덜 엔 미.

3명입니다. 아빠, 엄마 그리고 저입니다.

TIP

위 질문의 원래 표현은 How many people are there in your family?인데 가운데 있는 are there이 생략된 것입니다. 이렇게 영어에서는 없어도 이해가 되는 부분은 생략해서 표현하기도 합니다.

☑ 저희 가족은 대가족입니다.
My family is an extended family.
마이 페밀리 이즈 언 익스텐디드 페밀리.

☑ 형제자매가 있나요?
Do you have any siblings?
두 유 해브 에니 씨블링스?

☑ 형제가 2명 있습니다.
I have two brothers.
아이 해브 투 브라덜스.

☑ 전 여자 형제가 있었으면 좋겠어요.
I wish I had a sister.
아이 위씨 아이 해드 어 씨스털.

단어

people 사람들

extended
family 대가족 ↔
nuclear family
핵가족

sibling 형제자매

brother 남자 형제

sister 여자 형제

한국에서는 형제나 자매에 대해 말할 때 형, 누나, 남동생, 여동생이라고 말해서 나이가 많은지 적은지 암시를 해줍니다. 하지만 나이에 대한 개념이 우리만큼 강하지 않은 영어권에서는 그냥 남자 형제(brother) / 여자 형제(sister)라고 말하는 경우가 많습니다. 구체적으로 말할 때는 나이가 더 많은 경우는 older, 적은 경우는 younger을 붙여줍니다.

A : 가족이 몇 명인가요?

How many people in your family?

하우 메니 피플 인 유얼 페밀리?

B : 우리 가족은 4명입니다.

There are four people in my family.

데얼 얼 폴 피플 인 마이 페밀리.

A : 가족 구성은 어떻게 되죠?

Who are in your family?

후 얼 인 유얼 페밀리?

B : 아버지, 어머니, 누나 그리고 저입니다.

Father, mother, an older sister and me.

파덜, 마덜, 언 올덜 씨스털 엔 미.

A : 저도 누나가 있었으면 좋겠어요.

I wish I had an older sister.

아이 위씨 아이 해드 언 올덜 씨스털.

B : 왜요?

Why?

와이?

단어

who 누구

wish 바라다

why 왜

영어에서는 희망 사항을 이야기할 때 wish(바라다)를 많이 사용합니다. 하지만 미래의 바람에 대해 이야기할 때는 hope(소원하다)를 주로 사용합니다.

What does your father do?

패턴
008

왓 더즈 유얼 파덜 두?

"**당신의 아버지는 무엇을 하세요?**"라는 뜻으로 상대방의 가족 구성원이 무슨 일을 하는지 물어볼 때 사용되는 질문입니다. 가족에 대해서 이야기할 때 자주 나오는 주제이므로 알아두면 큰 도움이 될 것입니다.

My father is a teacher.
마이 파덜 이즈 어 티철.

제 아버지는 선생님이세요.

My mother is a nurse.
마이 마덜 이즈 어 널쓰.

제 엄마는 간호사예요.

My brother is still a student.
마이 브라덜 이즈 스틸 어 스튜던트.

제 남자 형제는 아직 학생이에요.

TIP

가족 구성원이 무엇을 하는지 질문을 받을 때는 주로 직업을 이야기합니다. 영어에서는 자신의 직업에 대해 말할 때 직업 앞에 a를 붙여준다는 것을 명심하세요.

☑ 제 아버지는 퇴직하셨어요.
My father is retired.
마이 파덜 이즈 뤼타이얼드.

☑ 제 어머니는 주부세요.
My mother is a housewife.
마이 마덜 이즈 어 하우쓰와이프.

☑ 제 여자 형제는 심리학을 공부해요.
My sister studies psychology.
마이 씨스털 스터디쓰 싸이컬러지.

☑ 우리는 가족 사업을 하고 있어요.
We are running a family business.
위 얼 뤄닝 어 페밀리 비즈니스.

단어

retired 퇴직한

housewife 주부

psychology
심리학

run 경영하다

family business
가족 사업

직업에 대한 단어는 많이 알아둘수록 좋지만, 우선 가족
의 직업을 영어로 어떻게 말하는지 알아두면 가족을 소개
할 때 유용하게 사용할 수 있습니다. 가족 사업은 영어로
family business라고 합니다.

A : 너희 아버지는 무엇을 하시니?
What does your father do?
왓 더즈 유얼 파덜 두?

B : 제 아버지는 교수님이세요.
My father is a professor.
마이 파덜 이즈 어 프로페썰.

A : 와! 그럼 너희 어머니는 무엇을 하시는데?
Wow! What does your mother do then?
와우! 왓 더즈 유얼 마덜 두 덴?

B : 엄마는 선생님이세요.
My mother is a teacher.
마이 마덜 이즈 어 티쳘.

A : 어쩐지 네가 모범생이다 했어.
No wonder you are a good student.
노우 원덜 유 얼 어 굿 스튜던트.

B : 노력하고 있어요.
I am trying.
아이 엠 츄라잉.

단어

professor 교수

then 그럼, 그때

no wonder
어쩐지 ~다

try 노력하다

문장 앞에 no wonder을 붙이면 "~한 것도 당연하다"라는 뜻이 되는데 우리나라 말로 의역하면 "어쩐지 ~하더라"라고 해석됩니다. 유용한 표현이니 잘 익혀서 사용해보세요.

패턴
009

How old are you?
하우 올드 얼 유?

"몇 살이세요?"라는 뜻으로 나이를 물어보는 표현입니다. 미국에서는 소개를 할 때 나이를 말하지 않지만 상대방의 나이가 궁금한 경우에는 따로 물어볼 수 있습니다. 특히 한국 사람들은 외국에서 어려 보이는 경우가 많이 있어서 이 질문을 종종 듣게 됩니다.

I am twenty two years old.
아이 엠 투엔티 투 이얼즈 올드.

저는 스물두 살입니다.

I am fourteen.
아이 엠 폴틴.

저는 열네 살입니다.

Thirty.
떨티.

서른 살입니다.

TIP

나이를 말하는 표현은 간단합니다. 그냥 숫자만 말해도 되고 앞에 I am을 붙여도 되며, 길게 대답하고 싶으면 마지막에 years old를 붙이면 됩니다. 상대방이 나이를 물어볼 때 바로 대답할 수 있도록 자신의 나이를 영어로 외워두세요.

☑ 저는 올해 열아홉 살이 되었어요.
I turned nineteen this year.
아이 턴드 나인틴 디쓰 이얼.

☑ 너의 남자 형제는 몇 살이니?
How old is your brother?
하우 올드 이즈 유얼 브라덜?

☑ 저는 아주 어려요.
I am very young.
아이 엠 베리 영.

☑ 그는 나이가 많아요.
He is old.
히 이즈 올드.

단어

turn 돌다, ~로
변하다

nineteen 19

this year 올해

old 나이, 나이 든

young 젊은

영어로 "몇 살이 되었어요"라는 말을 할 때는 동사 turn을
사용합니다. turn의 기본 의미는 "돌다"이지만 "~로 변
하다"라는 뜻도 있습니다.

A : 나이가 몇 살이세요?
How old are you?
하우 올드 얼 유?

B : 저는 스물일곱 살입니다.
I am twenty seven.
아이 엠 투엔티 쎄븐.

A : 당신은 정말 젊네요.
You are so young.
유 얼 쏘 영.

B : 그럼 당신은 나이가 몇 살이세요?
How old are you then?
하우 올드 얼 유 덴?

A : 저는 올해 서른일곱 살이 되었어요.
I turned thirty seven this year.
아이 턴드 떨티 쎄븐 디쓰 이얼.

B : 당신은 저의 남자 형제와 나이가 같네요.
You are my brother's age.
유 얼 마이 브라덜스 에이지.

twenty seven 27

so 정말, 너무

thirty seven 37

age 나이

영어로 나이를 물어볼 수는 있지만 처음 만나는 사람에게는 물어보지 않는 것이 좋습니다. 어느 정도 알아가는 사람에게 물어보는 것이 바람직하고, 우리나라와 마찬가지로 상대방에게 나이가 많다고 직접적으로 말하는 것은 적절하지 않습니다.

36

How long have you been here?

하우 롱 해브 유 빈 히얼?

"이곳에 온 지 얼마나 되었어요?"라는 뜻입니다. 사람들을 처음 만나면 그 사람이 그곳에 온 지 얼마나 되었는지 궁금하기 마련입니다. 잘 익혀서 자연스럽게 사용하도록 연습해보세요.

I have been here for 2 years.
아이 해브 빈 히얼 폴 투 이얼스.

저는 이곳에 온 지 2년 되었어요.

I have been here since 2010.
아이 해브 빈 히얼 씬쓰 투따우전텐.

저는 2010년부터 이곳에 있었어요.

It's been 4 years.
이츠 빈 폴 이얼스.

4년 되었어요.

TIP

과거부터 현재까지 지속된 상황을 나타낼 때 기간을 말하고 싶으면 for을 쓰면 되고, 상황이 시작된 시간을 말하고 싶으면 since를 쓰면 됩니다.

☑ 여기서 사는 것 괜찮으세요?
Do you like it here?
두 유 라이크 잇 히얼?

☑ 이 도시에서 태어났나요?
Were you born in this city?
월 유 본 인 디쓰 씨티?

☑ 이 도시 너무 좋아요.
I love this city.
아이 러브 디쓰 씨티.

☑ 저는 이 도시에서 태어나서 자랐습니다.
I was born and raised in this city.
아이 워즈 본 엔 뤠이즈드 인 디쓰 씨티.

단어

born 태어난

city 도시

raised 자란

나라를 불문하고 많은 사람들이 자신이 태어난 도시에서
쭉 살아갑니다. 이런 경우에 I was born and raised
in this city라고 말합니다. 자주 사용하는 표현이니 꼭
외워두세요.

A : 이곳에 온 지 얼마나 되었나요?
How long have you been here?
하우 롱 해브 유 빈 히얼?

B : 저는 이곳에 온 지 5년 되었어요.
I have been here for 5 years.
아이 해브 빈 히얼 폴 파이브 이얼스.

A : 여기서 사는 것 괜찮으세요?
Do you like it here?
두 유 라이크 잇 히얼?

B : 네, 날씨를 제외하고 이 도시 너무 좋아요.
Yes, I love this city except the weather.
예스, 아이 러브 디쓰 씨티 익쎕 더 웨덜.

A : 알아요. 저 이곳에서 태어나서 자랐거든요.
I know. I was born and raised here.
아이 노우. 아이 워즈 본 엔 뤠이즈드 히얼.

단어

B : 와! 정말 행운이시네요.
Wow! You are so lucky.
와우! 유 얼 쏘 러키.

how long 얼마나

except ~을
제외하고

weather 날씨

know 알다

lucky 행운인

외국에서는 사는 지역에 대해 이야기할 때 날씨를 언급하는 경우가
많습니다. 특히 미국은 나라가 커서 지역마다 날씨가 다르기 때문
에 더욱 그렇습니다.

★ 001 안녕하세요

Good morning/afternoon/evening!
굿 몰닝/에프터눈/이브닝!

★ 002 소개 좀 해주시겠어요?

Could you introduce yourself?
쿠쥬 인트로듀쓰 유얼쎌프?

★ 003 새로운 일 있어요?

Anything new?
에니띵 뉴?

★ 004 어디에서 왔어요?

Where are you from?
웨얼 얼 유 프럼?

★ 005 이름이 무엇입니까?

What's your name?
와츠 유얼 네임?

★ 006 어디에 사세요?

Where do you live?
웨얼 두 유 리브?

★ 007 가족이 몇 명이세요?

How many people in your family?
하우 메니 피플 인 유얼 페밀리?

★ 008 당신의 아버지는 무엇을 하세요?

What does your father do?
왓 더즈 유얼 파덜 두?

★ 009 몇 살이세요?

How old are you?
하우 올드 얼 유?

★ 010 이곳에 온 지 얼마나 되었어요?

How long have you been here?
하우 롱 해브 유 빈 히얼?

40

Part 02

시간/번호

패턴

What time is it now?
왓 타임 이즈 잇 나우?

"지금 몇 시예요?"라는 뜻으로 시간을 물어보는 질문입니다. 일상생활에서 자주 듣는 질문이지만 영어로 숫자를 말하는 것에 익숙하지 않으면 자연스럽게 입에서 나오지 않으니, 영어로 숫자 말하기를 많이 연습해두어야 합니다.

It's 7 a.m.
이츠 쎄븐 에이엠.

오전 7시입니다.

It's 6 p.m.
이츠 씩쓰 피엠.

오후 6시입니다.

It's 12:30 p.m.
이츠 투엘브 떨티 피엠.

오후 12시 30분입니다.

TIP 영어에서는 시간을 알려줄 때 It's를 말한 후 숫자를 말하면 됩니다. 숫자를 말할 때는 먼저 시간을 말하고 분을 말합니다. 오전은 a.m. 오후는 p.m.으로 표현합니다.

☑ 1시에서 15분 지났습니다.
It's quarter past one.
이츠 쿼럴 페스트 원.

☑ 2시에서 30분 지났습니다.
It's half past two.
이츠 해프 페스트 투.

☑ 4시까지 15분 남았습니다.
It's quarter to four.
이츠 쿼럴 투 폴.

☑ 5시까지 20분 남았습니다.
It's twenty to five.
이츠 투엔티 투 파이브.

단어

quarter 15,
4분의 1

past 과거, 지나간

half 반

to ~로, ~까지

영어에서는 다양한 방법으로 시간을 표현할 수 있습니다.
30분은 thirty(떨티)라고 해도 되지만 half(해프)라고 할
수도 있고, 15분은 quarter(쿼럴)이라고 할 수 있습니다.
또 몇 시에서 ~분이 지났다고 할 때는 〈분 + past + 시
간〉, ~분이 남았다고 할 때는 〈분 + to + 시간〉을 사용합
니다.

A : 지금 몇 시예요?
What time is it now?
왓 타임 이즈 잇 나우?

B : 7시에서 30분 지났습니다.
It's half past seven.
이츠 해프 페스트 쎄븐.

A : 저는 8시 전까지 집에 돌아가야 합니다.
I need to go back home by eight.
아이 니드 투 고우 벡 홈 바이 에잇.

B : 왜요?
Why?
와이?

A : 저는 해야 할 숙제가 많아요.
I have a lot of homework to do.
아이 해브 얼랏 오브 홈월크 투 두.

go back 돌아가다
by 까지
a lot of 많은
homework 숙제
let go 보내다

B : 7시 40분 전에 보내줄게요.
I will let you go by seven forty.
아이 윌 렛 유 고우 바이 쎄븐 폴티.

by 뒤에 시간, 날짜, 요일 혹은 특정한 날이 오면 '그 시간까지'라는
뜻이 됩니다. 예를 들어 내일(tomorrow)까지를 말하고 싶으면 by
tomorrow라고 하면 됩니다.

What day is today?
왓 데이 이즈 투데이?

Part 02 시간/번호

"오늘이 무슨 요일이에요?"라는 뜻입니다. 시간과 마찬가지로 자주 물어보는 질문이므로 잘 기억해두셔야 합니다. 요일을 영어로 잘 외워서 실생활에서 사용해보세요.

It's Sunday.
이츠 썬데이.

일요일입니다.

It's Wednesday.
이츠 웬즈데이.

수요일입니다.

Today is Monday.
투데이 이즈 먼데이.

오늘은 월요일입니다.

TIP

다음은 요일을 영어로 한 것입니다. 월요일 Monday, 화요일 Tuesday, 수요일 Wednesday, 목요일 Thursday, 금요일 Friday, 토요일 Saturday, 일요일 Sunday. 각 요일의 맨 앞 글자는 항상 대문자로 쓴다는 것을 기억해주세요.

☑ 어제는 토요일이었습니다.
Yesterday was Saturday.
예스터데이 워즈 쎄러데이.

☑ 내일은 목요일입니다.
Tomorrow is Thursday.
투머로우 이즈 떨스데이.

☑ 화요일이에요.
Tuesday.
튜스데이.

☑ 오늘이 일요일이었으면 좋겠어요.
I wish today was Sunday.
아이 위씨 투데이 워즈 썬데이.

단어

today 오늘
yesterday 어제
tomorrow 내일
wish 바라다

현재와 미래의 요일을 말할 때는 is를 쓰고 과거를 말할 때는 was를 씁니다. 하지만 세 번째 표현처럼 간단하게 요일만 말해도 됩니다. 바람을 말할 때는 현재 상황일지라도 was를 사용합니다.

A : 오늘은 무슨 요일입니까?
What day is today?
왓 데이 이즈 투데이?

B : 수요일입니다.
It's Wednesday.
이츠 웬즈데이.

A : 정말요? 오 안돼!
Really? Oh no!
뤼얼리? 오 노우!

B : 뭐 잘못된 것이 있나요?
Is there anything wrong?
이즈 데얼 에니띵 륑?

A : 오늘 데이트가 있었어요.
I had a date today.
아이 해드 어 데잇 투데이.

B : 지금 가면 너무 늦었나요?
Is it too late to go now?
이즈 잇 투 레잇 투 고우 나우?

단어

wrong 잘못된

date 데이트

too ~도(또한),
역시, 너무

late 늦은

영어에서 too형용사 to동사라고 하면 "너무 형용사해서 동사할 수 없다"라는 뜻이 됩니다. 예를 들어 too fast(빠른) to catch(잡다)라 고 하면 "너무 빨라서 잡을 수 없다"라는 뜻이 됩니다.

47

When should we meet?

웬 슛 위 밋?

"언제 만날까요?"라는 뜻입니다. 누구와 만나기로 되어있을 때 구체적으로 언제 만날지 정하는 질문으로 일상생활에서 자주 사용하는 표현입니다. 외국인 친구와 만날 때 사용해보세요.

Let's meet on Friday.
레츠 밋 온 프라이데이.

금요일에 만나요.

Let's meet at 8 p.m.
레츠 밋 엣 에잇 피엠.

8시에 만나요.

How about 4 p.m.?
하우 어바웃 폴 피엠?

4시 어때요?

TIP
요일을 정할 때는 on을 사용하고 구체적인 시간을 정할 때는 at을 사용합니다. 하지만 how about으로 문장을 시작하면 바로 요일이나 시간을 말할 수 있습니다.

☑ 다음에 만나도 될까요?
Can I take a rain check?
캔 아이 테익 어 뤠인 첵?

☑ 목요일에는 바빠요.
I am busy on Thursdays.
아이 엠 비지 온 떨스데이즈.

☑ 오전 11시에 시간이 있어요.
I am free at 11 a.m.
아이 엠 프리 엣 일레븐 에이엠.

☑ 언제든 좋아요.
Anytime is good for me.
에니타임 이즈 굿 폴 미.

단어

take a rain
check 다음을
기약하다

busy 바쁜

free 자유로운,
한가한

anytime 언제든

영어에는 다양한 시간 약속 표현이 있습니다. 첫 번째 표현인 Can I take a rain check?은 숙어로서, 약속을 거절하지만 나중에 만나기를 기약하고자 할 때 자주 쓰는 표현입니다.

A : 언제 만날까요?
When should we meet?
웬 슛 위 밋?

B : 화요일 어때요?
How about Tuesday?
하우 어바웃 튜스데이?

A : 좋아요! 몇 시에 볼까요?
Great! What time should we meet?
그뤠잇! 왓 타임 슛 위 밋?

B : 5시 30분에 만나요.
Let's meet at 5:30 p.m.
레츠 밋 엣 파이브 떨티 피엠.

A : 알겠어요. 그때 만나요.
Ok, let's meet then.
오케이. 레츠 밋 덴.

B : 기대할게요.
I am looking forward to it.
아이 엠 루킹 포월 투 잇.

단어

should ~해야
한다

look forward to
~을 기대하다.

일반적으로 언제 만날지 물어볼 때는 맨 앞에 when을 쓰고, 구체적
인 시간을 물어보고 싶을 때는 what time을 쓰면 됩니다.

What's the date today?
와츠 더 데잇 투데이?

패턴 014

"오늘이 며칠입니까?"라는 뜻입니다. 일상생활에서 자주 듣고 말하는 표현이니 잘 기억해두세요. 요일을 물어보는 what day is today?와 헷갈리지 않도록 주의하세요.

It's September first.
이츠 쎕템벌 펄스트.
오늘은 9월 1일입니다.

It's the second of October.
이츠 더 쎄컨드 오브 악토벌.
오늘은 10월 2일입니다.

Today is January third two thousand nineteen.
투데이 이즈 제뉴어리 떨드 투 따우전 나인틴.
오늘은 2019년 1월 3일입니다.

TIP 우리나라는 월의 이름이 숫자이지만 미국은 각각 하나의 단어로 되어 있습니다. 1월 January, 2월 February, 3월 March, 4월 April, 5월 May, 6월 June, 7월 July, 8월 August, 9월 September, 10월 October, 11월 November, 12월 December. 날짜에서 일을 표시할 때는 서수로 표현합니다.

☑ 오늘은 6월의 세 번째 수요일입니다.
Today is the third Wednesday of June.
투데이 이즈 더 떨드 웬즈데이 오브 준.

☑ 내일은 1월 1일입니다.
Tomorrow is the first of January.
투머로우 이즈 더 펄스트 오브 제뉴어리.

☑ 일주일 있으면 2019년입니다.
We are one week away from 2019.
위 얼 원 위크 어웨이 프럼 투 따우전 나인틴.

☑ 한국의 추석은 음력을 기반으로 합니다.
Korean Thanksgiving Day is based on the lunar calendar.
코뤼언 땡쓰기빙 데이 이즈 베이스뜨 온 더 루널 켈린덜.

단어

third 3번째

week 주

away 떨어진

Thanksgiving Day 추수감사절, 추석

based on ~에 기반을 둔

lunar calendar 음력

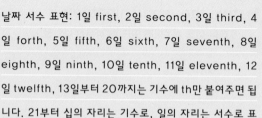

날짜 서수 표현: 1일 first, 2일 second, 3일 third, 4일 forth, 5일 fifth, 6일 sixth, 7일 seventh, 8일 eighth, 9일 ninth, 10일 tenth, 11일 eleventh, 12일 twelfth, 13일부터 20까지는 기수에 th만 붙여주면 됩니다. 21부터 십의 자리는 기수로, 일의 자리는 서수로 표현하면 됩니다. 21 twenty first, 22 twenty second, 23 twenty third…

A : 오늘이 며칠인가요?
What's the date today?
와츠 더 데잇 투데이?

B : 오늘은 12월 3일입니다.
It's December third.
이츠 디쎔벌 떨드.

A : 정말요? 삼 주 있으면 크리스마스입니다.
Really? We are three weeks away from Christmas.
뤼얼리? 위 얼 쓰리 윅스 어웨이 프럼 크리스마스.

B : 그렇네요! 시간이 날아가네요.
Yes! Time flies.
예스! 타임 플라이스.

A : 그리고, 12월 9일이 우리 (결혼)기념일이라는 것을 기억하세요.
Also, remember the ninth of December is our anniversary.
올쏘, 뤼멤벌 더 나인스 오브 디쎔벌 이즈 아월 에니벌쎄리.

B : 오! 두 번째 일요일이 우리 기념일이군요.
Oh! The second Sunday is our anniversary.
오! 더 쎄컨드 썬데이 이즈 아월 에니벌쎄리.

단어

Christmas
크리스마스

fly 날다

remember
기억하다

anniversary
기념일

미국은 날짜를 계산할 때 몇 번째 요일이라는 표현을 자주 사용합니다. 그 이유 중 하나가 우리나라는 명절이 항상 특정한 날짜에 정해져 있는 반면, 미국은 날짜에 상관없이 몇 월의 몇 번째 요일에 행해지는 경우가 많기 때문입니다.

When is your birthday?

웬 이즈 유얼 벌쓰데이?

"생일이 언제입니까?"라는 뜻으로 상대방에게 생일을 물어볼 때 사용하는 표현입니다. When is는 특정 날을 물어볼 때 자주 사용되는 표현입니다. 계속해서 시간 표현을 연습하고 잘 익혀서 일상생활에 사용해보세요.

My birthday is the third of June.

마이 벌쓰데이 이즈 더 떨드 오브 준.

저의 생일은 6월 3일입니다.

My birthday is next Wednesday.

마이 벌쓰데이 이즈 넥스트 웬즈데이.

저의 생일은 다음 주 수요일입니다.

June third.

준 떨드.

6월 3일입니다.

TIP

생일을 표현할 때는 My birthday is를 말한 후 날짜를 말합니다. 생일이 별로 안 남았을 때는 요일을 말해도 됩니다. 자신의 생일을 영어로 어떻게 표현하는지 외워서 실전에서 사용해보세요.

☑ 언제 태어나셨어요?
When were you born?
웬 월 유 본?

☑ 내일이 제 생일입니다.
Tomorrow is my birthday.
투머로우 이즈 마이 벌쓰데이.

☑ 몇 년/월에 태어나셨어요?
What year/month were you born?
왓 이얼/먼스 월 유 본?

☑ 저번 주는 제 어머니의 생신이었습니다.
Last week was my mother's birthday.
라스트 위크 워즈 마이 마덜쓰 벌쓰데이.

단어

birthday 생일
month 달, 월
last week 저번 주

일반적으로 생일이 언제냐고 물어볼 때는 when을 사용
하지만 구체적인 연도나 월을 물어보고 싶을 때는 what
year 혹은 what month를 사용합니다.

A : 생일은 언제입니까?

When is your birthday?

웬 이즈 유얼 벌쓰데이?

B : 7월 7일입니다.

July seventh.

줄라이 쎄븐스.

A : 외우기 쉽네요.

That's easy to remember.

데츠 이지 투 뤼멤벌.

B : 몇 년도에 태어나셨어요?

What year were you born?

왓 이얼 월 유 본?

A : 저는 1987년에 태어났습니다.

I was born in nineteen eighty seven.

아이 워즈 본 인 나인틴 에이티 쎄븐.

B : 정말요? 저는 그때 고등학교에 입학했어요.

Really? That's when I entered high school.

뤼얼리? 데츠 웬 아이 엔털드 하이스쿨.

단어

easy 쉬운

enter 들어가다,
입학하다

high school
고등학교

미국에서는 친하지 않은 사람에게 직접적으로 나이를 물어보는 것은 실례가 될 수 있습니다. 그래서 직접적으로 물어보기보다 몇 년도에 출생했냐고 에둘러서 물어볼 수 있습니다. 물론 이 경우에도 너무 갑자기 물어보는 것보다 자연스럽게 물어보는 것이 좋습니다.

56

When does the game start?
웬 더즈 더 게임 스탈트?

패턴
016

"게임이 언제 시작하나요?"라는 뜻입니다. 영화을 보거나 수업을 듣는 등의 상황에서 시작 시간을 물어볼 때 쓸 수 있는 표현입니다. 응용을 해서 다양한 표현을 만들 수 있으니 잘 익혀서 사용해보시기 바랍니다.

It starts at 4 p.m.   오후 4시에 시작합니다.
잇 스탈츠 엣 폴 피엠.

I don't know for sure.   확실하게는 모르겠습니다.
아이 돈 노우 폴 슈얼.

I heard it starts at 2 p.m.   오후 2시에 시작한다고 들었습니다.
아이 헐드 잇 스탈츠 엣 투 피엠.

TIP

대충 알지만 확신하지 못할 경우에는 I heard를 앞에 붙여주시면 됩니다.
I heard는 "~라고 들었습니다"라는 뜻이기 때문에 간접적인 대답이 될 수 있습니다.

☑ 경기는 몇 시에 시작하죠?
What time does the game start?
왓 타임 더즈 더 게임 스탈트?

☑ 경기는 언제 끝나요?
When does the game end?
웬 더즈 더 게임 엔드?

☑ 곧 시작해요.
It starts soon.
잇 스탈츠 쑨.

☑ 이미 끝났어요.
It already ended.
잇 올뤠디 엔디드.

단어

game 경기
start 시작하다
end 끝나다
soon 곧
already 벌써,
이미

여러 가지 시간 관련 부사를 사용하여 시간을 표현할 수 있습니다. soon을 사용하면 곧 그 일이 일어난다는 뜻이 되고 already를 사용하면 벌써 진행되었다는 뜻이 됩니다.

A : 어떤 스포츠를 좋아하세요?
What sports do you like?
왓 스폴츠 두 유 라이크?

B : 저는 축구를 좋아해서 자주 축구 시합을 보러 갑니다.
I love soccer, so I often attend soccer matches.
아이 러브 싸컬, 쏘 아이 옵뜬 어텐드 싸컬 메취스.

A : 저도 축구를 좋아해요.
I like soccer too.
아이 라이크 싸컬 투.

B : 그럼, 오늘 같이 축구 시합에 갈까요?
Then, let's go to today's soccer match together.
덴, 레츠 고우 투 투데이스 싸컬메치 투게덜.

A : 시합은 언제 시작합니까?
When does the game start?
웬 더즈 더 게임 스탈트?

B : 오후 6시에 시작합니다.
It starts at 6 p.m.
잇 스탈츠 엣 씩쓰 피엠.

단어

sports 스포츠

often 자주

attend 참석하다

match (스포츠)
시합

together 함께,
같이

경기를 표현할 때 game이라는 말도 사용하지만 두 명 혹은 두 팀이 대결하는 스포츠 게임을 말할 때는 match를 많이 사용합니다. game이 더욱 포괄적인 단어라고 할 수 있습니다.

패턴 017

When did you graduate?

웬 디쥬 그레쥬에잇?

"언제 졸업했어요?"라는 뜻으로 상대방이 언제 졸업했는지 물어보는 질문입니다. 상대방을 알아갈 때 자주 하는 질문이므로 알아두면 유용하게 사용할 수 있습니다.

I graduated last year.
아이 그레쥬에이티드 라스트 이얼.

저는 작년에 졸업했어요.

I graduated this year.
아이 그레쥬에이티드 디쓰 이얼.

저는 올해 졸업했어요.

I haven't graduated yet.
아이 해븐 그레쥬에이티드 옛.

아직 졸업하지 못했습니다.

TIP 위의 두 문장은 graduate의 과거형이고 마지막 문장은 현재완료형입니다. 과거형은 우리나라의 과거형과 같습니다. 현재완료는 과거와 비슷하지만 과거의 일이 현재까지 영향을 끼치고 있을 때 사용합니다. 현재완료는 우리 나라에 없는 시제이기 때문에 자주 접하면서 익숙해지는 것이 중요합니다.

☑ 졸업은 언제하나요?
When will you graduate?
웬 윌 유 그레쥬에잇?

☑ 저는 내년에 졸업합니다.
I will graduate next year.
아이 윌 그레쥬에잇 넥스트 이얼.

☑ 졸업하고 얼마나 되었습니까?
How long has it been since you graduated?
하우 롱 해즈 잇 빈 씬쓰 유 그레쥬에이티드?

☑ 한 주만 있으면 졸업입니다.
I am one week away from graduation.
아이 엠 원 위크 어웨이 프럼 그레쥬에이션.

단어

will ~을 할 것이다

graduate 졸업하다

next year 내년

since ~이래로

영어에서는 미래에 대해 이야기할 때 동사 앞에 will을 붙여줍니다. ~를 한 지 얼마나 되었냐고 물을 때는 How long has it been since you를 말하고 뒤에 한 것을 말하면 됩니다. 예를 들어 요리를 시작한 지 얼마나 되었냐고 묻고 싶으면 How long has it been since you started cooking이라고 하면 됩니다.

A : 어느 대학을 졸업하셨어요?
What university did you graduate?
왓 유니벌시티 디쥬 그레쥬에잇?

B : 캠브리지 대학교입니다.
Cambridge University.
캠브리지 유니벌시티.

A : 언제 졸업하셨습니까?
When did you graduate?
웬 디쥬 그레쥬에잇?

B : 작년에 졸업했습니다.
I graduated last year.
아이 그레쥬에이티드 라스트 이얼.

A : 저는 캠브리지 대학을 내년에 졸업합니다.
I will graduate from Cambridge University next year.
아이 윌 그레쥬에잇 프럼 캠브리지 유니벌시티 넥스트 이얼.

B : 정말요? 놀랍네요.
Really? That's surprising.
뤼얼리? 데츠 써프라이징.

university 대학

Cambridge University
캠브리지 대학교

surprising
놀라운

졸업 연도는 출생 연도를 물어보는 것과 마찬가지로 나이를 알고 싶을 때 물어볼 수 있습니다. 언제가 아니라 어느 대학교를 졸업했는지 물어보고 싶으면 when 대신 what university를 쓰면 됩니다.

What's your phone number?
와츠 유얼 폰 넘벌?

패턴
018

"전화번호가 어떻게 되세요?"라는 표현입니다. 자주 만나게 될 사이이거나 친해지고 싶은 사람에게 꼭 물어보게 되는 질문이니 관련 표현들을 잘 외워주세요.

It's 4855391203.
이츠 폴, 에잇, 파이브, 파이브, 쓰리, 나인, 원, 투, 오(제로), 쓰리.

485 539 1203입니다.

I don't have a cell phone.
아이 돈 해브 어 쎌 폰.

저는 핸드폰이 없습니다.

I am sorry, I can't tell you that.
아이 엠 쏘리. 아이 캔트 텔 유 뎃.

죄송합니다. 그건 알려줄 수 없습니다.

TIP

미국은 전화번호가 지역번호 3개로 시작하고 뒤에 7개의 번호가 더 붙어서 총 10개의 번호로 이루어져 있습니다. 숫자 표현을 잘 알아두셔서 자신의 핸드폰 번호를 영어로 연습해보세요.

☑ 제 핸드폰 번호 알려드릴게요.
I will let you know my phone number.
아이 윌 렛 유 노우 마이 폰 넘벌.

☑ 492 204 1234로 연락하시면 제가 받습니다.
You can reach me at 492 204 1234.
유 캔 리치 미 엣 폴, 나인, 투, 투, 제로, 폴, 원, 투, 쓰리, 폴.

☑ 전화번호 좀 물어봐도 될까요?
Can I ask your phone number?
캔 아이 에스크 유얼 폰 넘벌?

☑ 전화 드리겠습니다.
I will call you.
아이 윌 콜 유.

단어

let ~하게 하다

phone number
전화번호

reach 도달하다,
연락하다

call 부르다,
전화하다

상대방에게 무엇을 알려주겠다는 말을 할 때 I will let you know를 많이 사용합니다. 예를 들어 "제 주소를 알려주겠습니다"라고 할 때는 I will let you know my address라고 하면 됩니다.

A : 전화번호가 어떻게 되세요?

What's your phone number?

와츠 유얼 폰 넘벌?

B : 아직 핸드폰을 안 샀어요. 이 나라에 방금 왔어요.

I didn't buy a phone yet. I just came to this country.

아이 디든 바이 어 폰 옛. 아이 저스트 캐임 투 디쓰 컨츄리.

A : 오 그렇군요. 그럼 제 핸드폰 번호를 알려줄게요.

Oh okay. I will let you know my phone number then.

오 오케이. 아이 윌 렛 유 노우 마이 폰 넘벌 덴.

B : 그러면 좋겠네요!

That would be great!

덷 웃 비 그뤠잇!

A : 번호는 608 423 3213입니다.

It's 6084233213.

이츠 씩쓰, 오(제로), 에잇, 폴, 투, 쓰리, 쓰리, 투, 원, 쓰리.

단어

B : 전화 드리겠습니다.

Ok, I will call you.

오케이, 아이 윌 콜 유.

didn't…yet 아직
~하지 않다

buy 사다

country 나라

would 아마 ~할
것이다

우리나라에서 핸드폰을 소유하고 있는 것은 흔한 일이지만 다른 나라에 가거나 다른 나라에서 외국 사람이 우리나라에 오면 핸드폰을 소지하지 않은 경우가 있습니다. 그런 경우에는 위의 대화문 두 번째 표현이 사용됩니다. 유용하게 사용할 수 있으니 외워두세요.

Which bus do you take?
위치 버스 두 유 테익?

"어떤 버스를 타세요?"라는 뜻입니다. 우리나라에서는 주로 몇 번 버스를 타냐고 말을 하지만, 영어에서는 어떤 버스를 타냐고 물어봐도 몇 번을 타는지 물어보는 뜻이 됩니다. 외국에서 버스를 탈 때 아주 유용한 표현이니 잘 외워서 사용해보세요.

I take bus 10 or 15.
아이 테익 버스 텐 올 피프틴.

10번이나 15번 버스를 타요.

I normally use bus 70.
아이 노멀리 유즈 버스 쎄븐티.

보통 70번을 이용합니다.

I rarely take a bus.
아이 뤠얼리 테익 어 버스.

버스는 거의 타지 않습니다.

TIP

버스를 "타다"라고 말할 때 자주 쓰는 동사는 take입니다. 여기서 take는 "잡다, 타다"라는 뜻을 갖고 있는데 버스 이외에도 택시, 지하철, 기차 등의 교통수단을 이용할 때도 쓰입니다.

☑ 출근할 때 어떤 버스를 타십니까?
Which bus do you take to go to work?
위치 버스 두 유 테익 투 고우 투 월크?

☑ 집에 갈 때 어떤 버스를 타십니까?
Which bus do you take to go home?
위치 버스 두 유 테익 투 고우 홈?

☑ 저는 지하철로 갈아타야 합니다.
I need to transfer to the subway.
아이 니드 투 츄렌스펄 투 더 썹웨이.

☑ 이 버스는 병원을 거쳐서 우리 학교로 가요.
This bus goes to our school via the hospital.
디쓰 버스 고우즈 투 아월 스쿨 바이아 더 하스피털.

단어

or 또는, ~아니면

normally 보통

rarely 드물게 ~하는

transfer 갈아타다

via ~을 통해서

외국에 나와보면 번호도 같고 목적지도 같은데 어떤 때는 이 길로 가고 어떤 때는 저 길로 가는 버스들이 있습니다. 그때 사용하는 표현이 via입니다. via는 "~를 통해서"라는 표현인데 via 다음에 명사가 나오면 그 명사가 있는 길을 통해서 간다는 뜻입니다.

A : 어떤 버스를 타세요?

Which bus do you take?

위치 버스 두 유 테익?

B : 20번이나 30번 버스를 타는데 보통 30번을 이용합니다.

I take bus 20 or 30, but I normally use 30.

아이 테익 버스 투엔티 올 떨티, 벗 아이 노멀리 유즈 떨티.

A : 이유가 있나요?

Any reason for that?

에니 뤼즌 폴 뎃?

B : 20번을 타면 지하철로 갈아타야 돼요.

I have to transfer to the subway if I take 20.

아이 해브 투 츄랜스펄 투 더 썹웨이 이프 아이 테익 투엔티.

A : 그렇군요. 아, 제 버스가 오네요. 내일 봐요.

I see. Oh, my bus is coming. See you tomorrow.

아이 씨. 오, 마이 버스 이즈 커밍. 씨 유 투머로우.

B : 내일 봐요.

See you tomorrow.

씨 유 투머로우.

reason 이유

if 만약에 ~라면

영어로 "만약에"를 표현하는 단어는 if입니다. If가 문장 앞에 오면 "만약에 ~라면"이라는 뜻이 됩니다. 예를 들어 "내가 그 책이 있다면"이라고 말하고 싶으면 if를 앞에 쓰고 I have the book이라고 쓰면 됩니다.

How many stops is it to the university?

패턴
020

하우 메니 스탑스 이즈 잇 투 더 유니벌시티?

"**대학교까지 몇 정거장입니까?**"라는 뜻입니다. 버스를 탈 때 자주 사용할 수 있는 표현이고 stops(정류장)를 stations(역)로 바꾸면 "**몇 번째 역입니까**"라는 뜻이 됩니다. 유용한 표현이니 잘 익혀서 사용해보세요.

Five stops from this stop.
파이브 스탑스 프럼 디쓰 스탑.

이 정거장부터 다섯 번째 정거장입니다.

Two stops from the next stop.
투 스탑스 프럼 더 넥스트 스탑.

다음 정거장부터 두 번째 정거장입니다.

Seven stations from Gangnam Station.
쎄븐 스테이션스 프럼 강남 스테이션.

강남역에서 일곱 번째 역입니다.

TIP
영어로 stop은 동사로 "멈추다"라는 뜻이 있지만 위와 같이 정류장이라는 뜻으로도 쓰일 수 있습니다. 이렇게 영어에는 한 단어가 동사와 명사 두 가지 의미 모두 갖고 있는 경우가 많습니다. 이런 경우에는 주로 두 단어의 의미가 연관이 있습니다.

69

☑ 이 자리 누가 이미 차지했나요? (이 자리 비었나요?)

Is this seat taken?

이즈 디쓰 씻 테이큰?

☑ 다음 역은 어디인가요?

What's the next stop?

와츠 더 넥스트 스탑?

☑ 제가 언제 내려야 하는지 알려줄 수 있나요?

Could you tell me when I need to get off?

쿠쥬 텔 미 웬 아이 니드 투 겟 오프?

☑ 저는 다음 정거장에서 내려야 합니다.

I need to get off at the next stop.

아이 니드 투 겟 오프 엣 더 넥스트 스탑.

단어

stop 정거장

seat 자리

take 차지하다, 가져가다

get off 내리다

영어로 버스나 지하철에서 내린다고 말할 때는 get off를 사용합니다. get은 원래 "얻다"라는 뜻인데 off와 함께 쓰이면 이렇게 "내리다"라는 뜻이 됩니다. 반대로 뒤에 on을 붙이면 "타다"라는 뜻이 됩니다.

A : 목적지가 어디신가요?
Where is your destination?
웨얼 이즈 유얼 데스티네이션?

B : 저는 대학교에 가고 있어요.
I am going to the university.
아이 엠 고잉 투 더 유니벌시티.

A : 정말로요? 저도 거기에 가요.
Really? I am going there too.
뤼얼리? 아이 엠 고잉 데얼 투.

B : 잘됐네요! 대학교까지 몇 정거장이죠?
That's great! How many stops is it to the university?
데츠 그뤠잇! 하우 메니 스탑스 이즈 잇 투 더 유니벌시티?

A : 제 기억이 맞다면 광화문역부터 네 번째 정거장입니다.
If I remember right, four stops from Gwanghwamun Station.
이프 아이 뤼멤벌 롸잇, 폴 스탑스 프럼 광화문 스테이션.

B : 오 그렇군요. 그럼 곧 내려야겠네요.
Oh ok, then we need to get off soon.
오 오케이, 덴 위 니드 투 겟 오프 쑨.

단어

destination
목적지

Gwanghwamun
광화문

우리나라에서도 기억이 확실하게 나지 않을 때 "내 기억에는"이라는 말을 합니다. 영어에도 이와 유사한 표현이 있는데 바로 If I remember right입니다. 이 표현을 한국말로 직역하면 "내 기억이 맞다면"이 됩니다. 기억이 나는데 확실하지 않은 것을 말할 때 사용합니다.

★ 011 지금 몇 시예요?

What time is it now?

왓 타임 이즈 잇 나우?

★ 012 오늘이 무슨 요일이에요?

What day is today?

왓 데이 이즈 투데이?

★ 013 언제 만날까요?

When should we meet?

웬 슛 위 밋?

★ 014 오늘이 며칠입니까?

What's the date today?

와츠 더 데잇 투데이?

★ 015 생일이 언제입니까?

When is your birthday?

웬 이즈 유얼 벌쓰데이?

★ 016 게임이 언제 시작하나요?

When does the game start?

웬 더즈 더 게임 스탈트?

★ 017 언제 졸업했어요?

When did you graduate?

웬 디쥬 그레쥬에잇?

★ 018 전화번호가 어떻게 되세요?

What's your phone number?

와츠 유얼 폰 넘벌?

★ 019 어떤 버스를 타세요?

Which bus do you take?

위치 버스 두 유 테익?

★ 020 대학교까지 몇 정거장입니까?

How many stops is it to the university?

하우 메니 스탑스 이즈 잇 투 더 유니벌시티?

Part 03

쇼핑/금액

How much is it?
하우 머취 이즈 잇?

"얼마예요?"라는 뜻으로 가격을 물어볼 때 사용하는 표현입니다. 가게, 음식점 등의 장소에서 돈을 지불해야 하는 모든 상황에서 사용하므로 꼭 외워두셔야 합니다.

It's 100 dollars.
이츠 원 헌쥬레드 달러스.

백 달러입니다.

It's on sale.
이츠 온 쎄일.

이것은 할인 판매 중입니다.

You can buy it at a discount price.
유 캔 바이 잇 엣 어 디스카운트 프라이스.

할인가로 살 수 있습니다.

TIP 우리나라에서도 할인이라고 할 때는 세일(sale)이라는 말을 사용합니다. 영어권에서도 이 말을 사용하는데 on sale은 "할인 판매 중"이라는 뜻이고 for sale은 "그냥 판매하는 물건"이라는 뜻이니 헷갈리지 않도록 주의하세요.

☑ 가격이 얼마예요?
What's the price?
와츠 더 프라이스?

☑ 전부 얼마예요?
How much is it in total?
하우 머취 이즈 잇 인 토틀?

☑ 제가 생각했던 것보다 싸네요.
It's cheaper than I thought.
이츠 취펄 덴 아이 또트.

☑ 조금 더 싸게 줄 수 있나요?
Can I get it cheaper?
캔 아이 겟 잇 취펄?

단어

price 가격

in total 총

cheap 저렴한

cheaper 더
저렴한

get 얻다

영어에서는 "더" 라는 표현을 말하고 싶으면 형용사나 부사에 er을 붙여주면 됩니다. 예를 들어 cheap은 "저렴한"인데 "더 저렴한"이라고 말하고 싶으면 cheaper라고 하면 됩니다. 하지만 단어가 세 음절 이상으로 길어지면 앞에 more을 붙입니다.

예) expensive 비싼, more expensive 더 비싼

A : 얼마예요?

How much is it?

하우 머취 이즈 잇?

B : 15달러입니다.

It's 15 dollars.

이츠 피프틴 달럴스.

A : 제가 생각했던 것보다 더 비싸네요.

It's more expensive than I thought.

이츠 모얼 익쓰펜씨브 덴 아이 또트.

B : 정말요? 이것은 할인 판매 중인데요.

Really? It's on sale.

뤼얼리? 이츠 온 쎄일.

A : 정가는 얼마예요?

What's the normal price?

와츠 더 노멀 프라이스?

B : 20 달러입니다.

20 dollars.

투엔티 달럴스.

단어

dollar 달러

more 더

expensive 비싼

normal 정상의

영어에서 정상가는 normal price라고 하고 할인가는 discount price라고 부릅니다. 유용한 표현들이니 잘 익혀서 사용해보세요.

How much is one apple?

하우 머취 이즈 원 에플?

패턴
022

Part 03
쇼핑/금액

"사과 한 개에 얼마예요?"라는 뜻입니다. 특정 물품과 개수에 따른 가격을 알고 싶을 때는 how much is 뒤에 숫자와 물품을 붙여주면 됩니다. 이 숫자와 물건에 관련된 단어들만 잘 외워두시면 영어로 쇼핑하는 것은 어렵지 않을 것입니다.

It's 5 dollars.
이츠 파이브 달러스.

5 달러입니다.

We don't sell it by the piece.
위 돈 쎌 잇 바이 더 피스.

낱개로 팔지 않습니다.

It's written on the price tag.
이츠 뤼튼 온 더 프라이스 태그.

가격표에 적혀 있습니다.

TIP

요즘에는 대형마트들이 많이 생겨나고 물건을 대량으로 판매하는 곳이 많아지고 있습니다. "낱개로"라는 표현은 by the piece라고 하는데 piece는 조각이라는 뜻입니다.

77

☑ 낱개로 파나요?
Do you sell it by the piece?
두 유 쎌 잇 바이 더 피스?

☑ 한 봉지에 얼마입니까?
How much is one bag?
하우 머취 이즈 원 벡?

☑ 싸네요/비싸네요!
That's cheap/expensive!
데츠 칩/익쓰펜씨브!

☑ 여기 있습니다.
Here.
히얼.

단어

sell 팔다

price tag 가격표

bag 봉지

here 여기, 여기서,
여기 있습니다

무엇을 주면서 영어로 "여기 있습니다"라고 말을 할 때는
here이라는 단어를 사용합니다. Here은 "여기"라는 뜻
의 단어이지만 돈이나 물건을 주면서 말하면 "여기 있습니
다, 받으세요"라는 뜻이 됩니다.

A : 사과 한 개에 얼마입니까?

How much is one apple?

하우 머취 이즈 원 에플?

B : 낱개로 팔지 않습니다.

We don't sell it by the piece.

위 돈 쎌 잇 바이 더 피스.

A : 그럼, 두 봉지에 얼마입니까?

Then, how much are two bags?

덴, 하우 머취 얼 투 벡스?

B : 10달러입니다.

10 dollars.

텐 달럴스.

A : 싸네요. 여기 있습니다.

That's cheap. Here.

데츠 칩. 히얼.

B : 감사합니다. 좋은 하루 보내세요.

Thank you. Have a nice day.

땡큐. 해브 어 나이쓰 데이.

단어

have 가지고 있다

cheers 건배,
(영국) 잘 가,
감사합니다

영어권 나라에서 손님에게 인사를 하는 표현은 다양합니다. 위의 표현처럼 "좋은 하루 보내세요"라고 할 수도 있고 영국에서는 cheers라고 자주 말합니다. cheers는 원래 "건배"라는 뜻이지만 영국에서는 "잘 가" 혹은 "감사합니다"라는 뜻으로도 사용됩니다.

패턴 023

Anything you like?
에니띵 유 라이크?

"마음에 드시는 것 있으세요?"라는 뜻입니다. 상대방에게 마음에 드는 것이 있는지, 무엇을 살 것인지 물어보는 표현입니다. 쇼핑할 때 자주 듣게 되는 표현이니 어떻게 대답할지 잘 알아두면 도움이 될 것입니다.

I will look around first and let you know.
먼저 한번 보고 알려드리겠습니다.
아이 윌 룩 어롸운드 펄스트 엔 렛 유 노우.

I want to buy a belt.
벨트를 사고 싶습니다.
아이 원 투 바이 어 벨트.

I am just looking around.
그냥 둘러보고 있습니다.
아이 엠 저스트 루킹 어롸운드.

TIP
쇼핑을 할 때 그냥 둘러보는 경우가 많이 있습니다. 영어로 둘러본다는 표현은 look around라고 합니다. 쇼핑을 할 때 다가와서 말을 거는 직원들에게 사용할 수 있는 아주 유용한 표현입니다. 꼭 외워두세요.

☑ 뭘 사고 싶으세요?
What do you wanna buy?
왓 두 유 워너 바이?

☑ 싸고 좋은 물건을 사고 싶습니다.
I wanna buy something cheap and good.
아이 워너 바이 썸띵 칩 엔 굿.

☑ 그걸 좀 도와주시겠어요?
Could you help me with that?
쿠쥬 핼프 미 윗 뎃?

☑ 이것을 사겠습니다.
I will buy this.
아이 윌 바이 디쓰.

단어

wanna 원하다
(want to)

something 어떤
것

could ~할 수
있다

help 돕다, 도움

영어에서 "하고 싶다"라는 표현은 want to를 사용하고 "원 투"라고 발음됩니다. 하지만 너무 자주 사용해서 그냥 wanna(워너) 라고 한 단어로 붙여서 발음할 때가 많습니다. 격식을 차려야 하는 글에서는 want to라고 써야 합니다.

A : 마음에 드시는 것 있으세요?
Anything you like?
에니띵 유 라이크?

B : 먼저 한번 보고 알려드리겠습니다.
I will look around first and let you know.
아이 윌 룩 어라운드 펄스트 엔 렛 유 노우.

A : 네, 천천히 하세요.
Okay, please take your time.
오케이, 플리즈 테익 유얼 타임.

B : 이 바지를 사고 싶습니다. 이거 입어봐도 되나요?
I wanna buy these pants. Can I try them on?
아이 워너 바이 디즈 펜츠. 캔 아이 츄라이 뎀 온?

A : 물론이죠… 좋아 보이네요!
Of course... Looks good!
옵 콜스… 룩스 굿!

B : 이것을 사겠습니다.
I will buy this.
아이 윌 바이 디쓰.

단어

please 제발

take your time
천천히 하세요

pants 바지

try on 입어보다

영어에서는 "천천히 하세요"라는 말을 할 때 take your time이라고 합니다. 상대방을 배려하는 표현이니 외워두면 좋은 인상을 남길 수 있습니다. 또한 영어에서는 상대방에게 공손하게 말하고 싶으면 please를 사용하면 됩니다.

82

Where can I exchange money?

웨얼 캔 아이 익쓰췌인지 머니?

"어디서 환전할 수 있나요?"라는 뜻입니다. "환전한다"는 말은 여행하기 전에 은행에서 혹은 공항에서 자주 사용하는 표현이니 외워두시기 바랍니다. 특히 여행을 위해서는 필수적으로 외워두어야 하는 표현입니다.

I'd like to exchange 4,000,000 won into dollars.

4백만 원을 달러로 바꾸고 싶습니다.

아이드 라이크 투 익쓰췌인지 폴 밀리언 원 인투 달럴스.

It's exactly one thousand dollars.

정확히 1,000달러입니다.

이츠 익젝클리 원 따우전 달럴스.

I will exchange later.

나중에 환전하겠습니다.

아이 윌 익쓰췌인지 레이럴.

TIP

미국에서는 십을 ten(텐), 백을 hundred(헌쥬레드), 천을 thousand(따우전), 그리고 백만을 million(밀리언)이라고 합니다. 환전을 하거나 돈을 사용할 때 자주 사용되니 잘 외워두세요.

☑ 네. 환전해드리겠습니다.
Okay, I will exchange your money.
오케이, 아이 윌 익쓰췌인지 유얼 머니.

☑ 얼마나 바꾸실 건가요?
How much do you want to exchange?
하우 머취 두 유 원 투 익쓰췌인지?

☑ 저는 은행에서 환전합니다.
I exchange money in a bank.
아이 익쓰췌인지 머니 인 어 뱅크.

☑ 어디서 환전할 수 있나요?
Where can I exchange money?
웨얼 캔 아이 익쓰췌인지 머니?

단어

exchange
교환하다, 환전하다

money 돈

bank 은행

later 나중에

미국은 달러를 사용하는데 달러는 우리나라와 화폐 단위가 다르기 때문에 자주 연습을 해서 익숙하게 해두셔야 나중에 자연스럽게 사용하실 수 있습니다. 환율은 계속 달라지지만 일반적으로 1달러는 1,000원보다 조금 더 많습니다.

A : 안녕하세요. 어디서 환전할 수 있나요?
Hi. Where can I exchange money?
하이. 웨얼 캔 아이 익쓰췌인지 머니?

B : 바로 여기서 환전하실 수 있습니다.
You can exchange right here.
유 캔 익쓰췌인지 롸잇 히얼.

A : 그렇군요. 환전하고 싶습니다.
Okay. I'd like to exchange money.
오케이. 아이드 라이크 투 익쓰췌인지 머니.

B : 얼마나 바꾸실 건가요?
How much do you want to exchange?
하우 머취 두 유 원 투 익쓰췌인지?

A : 9백만 원을 달러로 바꾸고 싶습니다.
I'd like to exchange 9,000,000 won into dollars.
아이드 라이크 투 익쓰췌인지 나인 밀리언 원 인투 달럴스.

B : 네. 환전하겠습니다. 잠시만 기다려주세요.
Okay, I will exchange your money. Please wait.
오케이, 아이 윌 익쓰췌인지 유얼 머니. 플리즈 웨잇.

단어

right here 바로 여기

I'd like to 나는 ~하고 싶다

wait 기다리다

환전할 때는 exchange라는 동사를 사용합니다. 하지만 exchange의 원래 뜻은 "교환하다"입니다. 그래서 교환학생을 영어로 exchange student라고 부릅니다. 하지만 exchange가 money와 함께 사용되면 "환전하다"라는 뜻이 됩니다.

Can you give me a discount?
캔 유 깁 미 어 디스카운트?

"할인해줄 수 있나요?"라는 뜻입니다. 어느 나라를 가든지 가격을 흥정하는 경우가 생깁니다. 알아두면 경제적으로 이익을 볼 수 있는 표현이니 꼭 알아두세요.

I can bring it down by five percent.
아이 캔 브링 잇 다운 바이 파이브 펄쎈트.

5퍼센트 내릴 수 있어요.

This is already at a reduced price.
디쓰 이즈 올뤠디 엣 어 뤼듀스뜨 프라이스.

이것이 이미 싸게 한 가격입니다.

Sorry, this is our final offer.
쏘리, 디쓰 이즈 아월 파이널 오펄.

죄송합니다. 이게 내릴 수 있는 최고 가격입니다.

TIP
영어에서는 할인 가격을 discount price라고 하지만 reduced price라고도 합니다. reduced는 "감소된"이라는 뜻인데 "감소시키다"라는 뜻의 동사인 reduce에서 왔습니다.

☑ 조금 더 싸게 됩니까?
Can it get any cheaper than this?
캔 잇 겟 에니 취펄 덴 디쓰?

☑ 조금 더 깎아 드리겠습니다.
I will mark it down a little bit more.
아이 윌 말크 잇 다운 어 리틀 빗 모얼.

☑ 이곳이 다른 곳보다 비싸네요.
This place is more expensive than other places.
디쓰 플레이쓰 이즈 모얼 익쓰펜씨브 덴 아덜 플레이씨스.

☑ 더 이상은 싸게 안 됩니다.
It can't get any cheaper than this.
잇 캔트 겟 에니 취펄 덴 디쓰.

단어

final offer 최종 제안, 최종안

get cheaper 싸게 되다

mark down 가격을 내리다

a little bit 조금

place 장소

가격을 내리는 표현은 여러 가지가 있는데 정리하면 give a discount, reduce, get cheaper, bring down, 그리고 mark down이 있습니다. 이 표현들을 잘 기억해 두셔서 쇼핑할 때 사용하세요.

A : 이것이 가장 인기 있는 매트리스입니다.

This is the most popular mattress.

디쓰 이즈 더 모스트 파퓰럴 메츄리쓰.

B : 할인해 줄 수 있나요?

Can you give me a discount?

캔 유 깁 미 어 디스카운트?

A : 우리 가게가 다른 곳보다 싸요.

Our store is cheaper than other places.

아월 스토얼 이즈 취펄 덴 아덜 플레이씨스.

B : 조금 더 싸게 됩니까?

Can it get any cheaper than this?

캔 잇 갯 에니 취펄 덴 디쓰?

A : 그럼, 조금 더 깎아 드리겠습니다.

I will mark it down a little bit more then.

아이 윌 마크 잇 다운 어 리틀 빗 모얼 덴.

B : 고맙습니다. 이거 살게요.

Thank you so much. I will buy this.

땡큐 쏘 머취. 아이 윌 바이 디쓰.

most 가장

popular 인기 있는

store 가게

영어권 나라에 가면 가격이 정해져 있는 곳도 있지만 정해져 있지 않은 곳도 있습니다. 예를 들어 중고차를 사는 경우가 그렇습니다. 이런 경우에는 가격을 협상하는 경우가 많으니 할인과 관련된 표현들을 꼭 기억해두세요.

What do you think?
왓 두 유 띵크?

패턴
026

"어떻게 생각해요?"라는 뜻으로 상대방에게 어떤 물건이 마음에 드는지 물어볼 때 자주 사용하는 표현입니다. 한국어를 직역해서 How do you think? 라고 하지 않도록 주의하세요.

I think that's great.
아이 띵크 데츠 그뤠잇.

좋다고 생각해요.

Not bad.
낫 베드.

나쁘지 않네요.

Not good.
낫 굿.

별로예요.

TIP

영어로 "제 생각에는"이라는 말을 할 때는 think라는 동사를 사용합니다.
I think를 말하고 자신의 의견을 말하면 "~라고 생각합니다"가 됩니다.

☑ 마음에 드세요?
Do you like it?
두 유 라이크 잇?

☑ 제가 사고 싶은 것을 못 찾겠네요.
I can't find what I want to buy.
아이 캔트 파인드 왓 아이 원 투 바이.

☑ 죄송하지만 다른 가게에 가야겠네요.
Sorry, I've got to go to another store.
쏘리, 아이브 갓 투 고우 투 어나덜 스토얼.

☑ 시간이 조금 더 필요한 것 같네요.
I think I need more time.
아이 띵크 아이 니드 모얼 타임.

쇼핑을 할 때 가게에 들어가자마자 마음에 드는 것을 바로 찾을 때도 있지만 시간이 오래 걸릴 때도 있습니다. 그럴 때는 I think I need more time이라고 말해주면 됩니다. I think를 빼고 I need more time만 말해도 되지만 I think를 붙이면 조금 더 부드럽게 들립니다.

단어

find 찾다
another 또 다른
need 필요하다

A : 어떻게 생각해요?
What do you think?
왓 두 유 띵크?

B : 나쁘지 않지만 딱 마음에 들지는 않네요.
Not bad, but not good enough.
낫 베드, 벗 낫 굿 이너프.

A : 이거 한번 입어보실래요?
Why don't you try this one?
와이 돈츄 츄라이 디쓰 원?

B : 네, 한번 입어볼게요.
Okay, let me try.
오케이, 렛 미 츄라이.

A : 마음에 드세요?
Do you like it?
두 유 라이크 잇?

B : 죄송하지만 저한테는 안 맞는 것 같네요.
Sorry, I think it's not for me.
쏘리, 아이 띵크 이츠 낫 폴 미.

단어

good enough
충분히 좋은

영어로 권유하는 표현은 여러가지가 있습니다. 그 중에 하나가 Why don't you~인데 "~해보시는 거 어때요?"라는 뜻입니다. 고객이 손님에게, 그리고 친한 친구들끼리도 사용할 수 있는 표현이니 꼭 외워두세요.

패턴 027

Do you have a smaller size?
두 유 해브 어 스몰럴 싸이즈?

"더 작은 치수 있나요?"라는 뜻입니다. 상점에서는 크기와 치수에 관해서 물어볼 일이 많으니 관련 표현을 잘 익혀서 쇼핑할 때 사용하시기 바랍니다.

Yes, we have.
Let me show you.
예스, 위 해브. 렛 미 쇼우 유.

있습니다. 보여드리겠습니다.

I am sorry.
They are sold out.
아이 엠 쏘리. 데이 얼 쏠드 아웃.

죄송합니다. 품절됐습니다.

Let me look for it.
Please wait.
렛 미 룩 폴 잇. 플리즈 웨잇.

찾아보겠습니다. 잠깐만 기다려 주세요.

TIP

영어에서는 "제가 ~하겠습니다"라고 말할 때 Let me라는 표현을 많이 씁니다. 그래서 "Let me + 동사"라고 하면 "제가 동사 하겠습니다"라는 뜻이 됩니다. 예를 들어 Let me cook(요리하다)이라고 하면 "제가 요리하겠습니다"가 됩니다.

☑ 더 큰 사이즈 있습니까?
Do you have a bigger size?
두 유 해브 어 비걸 싸이즈?

☑ 이것이 가장 큰 사이즈입니다.
This is the biggest size.
디쓰 이즈 더 비기스트 싸이즈.

☑ 입어봐도 되나요?
Can I try it?
캔 아이 츄라이 잇?

☑ 너무 꽉 껴요/헐렁해요.
It is too tight/loose.
잇 이즈 투 타이트/루스.

단어

show 보여주다
size 사이즈
bigger 더 큰
biggest 가장 큰
tight 꽉 끼는
loose 헐렁한

영어에서는 "너무 ~하다"라고 말을 할 때 too를 씁니다. 예를 들어 too small이라고 하면 "너무 작다"라는 뜻이 됩니다. too는 부정적인 의미를 내포하고 있는데 이와 반대로 very(아주)는 긍정적인 혹은 중립적인 성격의 단어입니다.

A : 더 작은 치수 있나요?

Do you have a smaller size?

두 유 해브 어 스몰럴 싸이즈?

B : 네, 있습니다.

Yes, we have.

예스, 위 해브.

A : 입어봐도 되나요?

Can I try it?

캔 아이 츄라이 잇?

B : 네, 탈의실은 바로 저기 있습니다.

Yes, the fitting room is right over there.

예스, 더 피링룸 이즈 롸잇 오벌 데얼.

A : 너무 꽉 끼는 것 같아요.

I think it is too tight.

아이 띵크 잇 이즈 투 타이트.

fitting/dressing
room 탈의실
(미국)

changing room
탈의실 (영국)

right 오른쪽, 바로

over there 저기

but 하지만

B : 그래도 보기에는 좋아요.

But you look great.

벗 유 룩 그뤠잇.

영어권 나라들은 같은 사물을 묘사하는데 다른 단어를 사용할 때가 있습니다. 예를 들어 미국에서는 옷가게 탈의실을 fitting room 혹은 dressing room이라고 부르는데 영국에서는 changing room이라고 부릅니다.

Is it a new product?
이즈 잇 어 뉴 프로덕트?

"이것은 새로운 물건인가요?"라는 뜻입니다. 상점에 가면 새로운 물건을 찾을 때가 많기 때문에 유용하게 사용하실 수 있습니다. 관련 표현을 외워서 필요하실 때 사용하세요.

Looks great!   멋지네요!
룩스 그뤠잇!

Looks expensive.   비싸 보여요.
룩스 익쓰펜씨브.

I want that.   그거 갖고 싶어요.
아이 원 뎃.

TIP

영어로 어떤 물건에 대한 생각을 말할 때 동사 look을 많이 사용합니다. 많은 사람들이 look을 "보다"라고 알고 있지만 "보다"라는 뜻이 되기 위해서는 전치사 at이 붙어야 합니다. look이 다른 전치사 없이 사용될 때는 "~해 보인다"라는 뜻입니다.

☑ 이것은 인기 상품입니다.
It's a popular product.
이츠 어 파퓰럴 프로덕트.

☑ 이것은 특가 상품입니다.
It's a special offer.
이츠 어 스페셜 오펄.

☑ 새로 입고된 상품입니다.
This product just came in.
디쓰 프로덕트 저스트 캐임 인.

☑ 다른 색깔로도 보시겠습니까?
Do you want to see it in other colors?
두 유 원 투 씨 잇 인 아덜 칼럴스?

단어

special offer
특가 상품

come in
들어오다, 입고되다

color 색깔

영어로 "입고되었다"라는 표현으로 come in을 쓸 수 있습니다. 우리나라 말로 직역하면 "들어오다"라는 뜻이 됩니다. (come in은 "어떤 장소 안으로 들어간다"라는 뜻으로도 쓰일 수 있습니다.)

A : 와! 정말 기가 막히게 보이네요! 새로운 상품인가요?

Wow! It looks awesome! Is it a new product?

와우! 잇 룩스 아썸! 이즈 잇 어 뉴 프로덕트?

Part 03

쇼핑/금액

B : 네, 그렇습니다.

Yes, it is.

예스, 잇 이즈.

A : 입어봐도 되나요?

Can I try it on?

캔 아이 츄라이 잇 온?

B : 당연하죠! 한번 해보세요.

Of course! Go ahead.

옵 콜스. 고우 어해드.

A : 감촉은 좋은데 색깔이 별로예요.

I like its texture, but I don't like its color.

아이 라이크 이츠 텍스쳘, 벗 아이 돈 라이크 이츠 칼럴.

B : 다른 색깔로도 보시겠습니까?

Do you want to see it in other colors?

두 유 원 투 씨 잇 인 아덜 칼럴스?

단어

awesome 기가 막힌

go ahead 그렇게 하세요

texture 감촉

other 다른

옷을 살 때 여러 가지를 고려하지만 스타일, 감촉 그리고 색깔을 주로 고려합니다. 스타일은 외래어기 때문에 그냥 style이라고 하면 되고 감촉은 texture 그리고 색깔은 color라고 합니다.

Let's go to the convenience store.

레츠 고우 투 더 컨비니언스 스토얼.

"편의점에 갈까요?"라는 뜻입니다. 상대방에게 무엇을 함께 하자고 할 때는 let's를 많이 사용합니다. 그래서 어디를 함께 가자고 할 때는 let's go to를 말하고 장소를 말하면 됩니다. 여기서 to는 우리나라 말로 "~에"라는 뜻이 됩니다.

Sounds great!   좋아요!
싸운즈 그뤠잇!

I wanted to go there.   거기 가고 싶었어요.
아이 원티드 투 고우 데얼.

What's in the convenience   편의점에 뭐가 있습니까?
store?
와츠 인 더 컨비니언스 스토얼?

TIP

Let's는 let us의 줄임말로 우리나라 말로 직역하면 "우리를 ~하게 하자"라는 뜻이 됩니다. let이 "~를 ~하게 하다"이고 us가 "우리"라는 뜻을 갖기 때문입니다. 직역을 하면 조금 이상하게 들리지만 그냥 "같이 ~하자"라는 뜻으로 외워주시면 됩니다.

☑ 편의점은 편리합니다.
Convenience stores are convenient.
컨비니언스 스토얼스 얼 컨비니언트.

☑ 저는 슈퍼마켓을 이용합니다.
I use supermarkets.
아이 유즈 슈퍼말케츠.

☑ 저는 자주 편의점에서 샌드위치를 삽니다.
I often buy sandwiches at the
convenience store.
아이 옵뜬 바이 쎈드위치스 엣 더 컨비니언스 스토얼.

☑ 그 편의점은 맛있는 간식들이 있습니다.
The convenience store has great
snacks.
더 컨비니언스 스토얼 해즈 그뤠잇 스넥스.

단어

convenience
store 편의점

use 사용하다

supermarket
슈퍼마켓

sandwich
샌드위치

snack 간식

영어로 "편리함"을 convenience라고 합니다. 그래서
편의점을 convenience store이라고 하는 것입니다.
great은 "멋진"이라는 뜻도 있지만 음식과 함께 사용되
면 "맛있다"가 됩니다.

A : 편의점에 갈까요?

Let's go to the convenience store.

레츠 고우 투 더 컨비니언스 스토얼.

B : 좋아요!

Sounds great!

싸운즈 그뤠잇!

A : 저는 편의점을 자주 이용합니다.

I often use convenience stores.

아이 옵뜬 유즈 컨비니언스 스토얼스.

B : 어떤 걸 사길 원하세요?

What do you want to buy?

왓 두 유 원 투 바이?

A : 먹을 걸 사고 싶어요.

I want to buy something to eat.

아이 원 투 바이 썸띵 투 잇.

B : 그 편의점은 맛있는 치킨 간식이 있어요.

The convenience store has a great chicken snack.

더 컨비니언스 스토얼 해즈 어 그뤠잇 치킨 스넥.

something to
~할 어떤 것

chicken 치킨

something은 영어로 "어떤 것"을 의미하는데 something 뒤에 to 를 붙이면 "~할 어떤 것"이 됩니다. 예를 들어 to 뒤에 eat을 쓰면 먹을 것, drink를 쓰면 마실 것 그리고 tell을 쓰면 말할 것이 됩니다.

Do you take credit cards?
두 유 테익 크레딧 칼즈?

패턴 **030**

"카드로 계산 받나요?"라는 뜻으로 물건을 사거나 식당 등에서 계산을 할 때 신용카드를 사용할 수 있는지 물어보는 표현입니다. 요즘에는 어딜 가나 카드로 계산하는 것이 많으니 잘 외워서 사용해보세요.

Yes, we take/accept cards.   네 카드도 받습니다.
예스, 위 테익/억쎕트 칼즈.

How would you like to pay?   지불은 어떻게 하시겠습니까?
하우 우쥬 라이크 투 페이?

We take cash only.   현금만 받습니다.
위 테익 케쉬 온리.

TIP 계산을 할 때 가장 자주 사용하는 것이 카드 혹은 현금입니다. 카드는 외래어이기 때문에 card라고 하면 되고 현금은 cash라고 하면 됩니다. take와 accept 모두 "(어떤 용도를 위해) 받는다"라는 뜻을 갖습니다.

☑ 죄송하지만 저희는 카드만 받습니다.
I am afraid we take cards only.
아이 엠 어프레이드 위 테익 칼즈 온리.

☑ 현금으로 계산하겠습니다.
I will pay in cash.
아이 윌 페이 인 케쉬.

☑ 일시불로 해드릴까요?
Would you like to pay in full?
우쥬 라이크 투 페이 인 풀?

☑ 할부로 내고 싶습니다.
I'd like to pay in monthly installments.
아이드 라이크 투 페이 인 먼쓸리 인스톨먼츠.

단어

I am afraid
죄송하지만

card 카드

pay 지불하다,
계산하다

in cash 현금으로

in full 일시불로

monthly
installment 할부

가게에서 물건을 살 때 할부로 낼지 일시불로 낼지 선택을
해야 할 때가 많이 있습니다. 영어로 pay in full이라고 하
면 "일시불로 낸다"는 뜻이고 in monthly installment
라고 하면 "할부로 낸다"는 뜻입니다.

A : 지불은 어떻게 하시겠습니까?
How would you like to pay?
하우 우쥬 라이크 투 페이?

B : 카드로 계산 받나요?
Do you take credit cards?
두 유 테익 크레딧 칼즈?

A : 네, 카드도 받습니다.
Yes, we accept cards.
예스, 위 억쎕트 칼즈.

B : 잘됐네요. 신용카드로 계산하겠습니다.
Great, I will pay by credit card.
그뤠잇, 아이 윌 페이 바이 크레딧 칼드.

A : 일시불로 해드릴까요?
Would you like to pay in full?
우쥬 라이크 투 페이 인 풀?

B : 두 달 할부로 내고 싶습니다.
I'd like to pay in two monthly installments.
아이드 라이크 투 페이 인 투 먼쓸리 인스톨먼츠.

단어

by (credit) card
(신용)카드로

would like
~하고 싶습니다

비싼 상품을 구매할 때는 할부로 계산할 때가 많이 있습니다. 몇 달 할부로 계산한다고 말을 할 때는 monthly installments 앞에 숫자를 넣어주시면 됩니다.

★ 021 얼마예요?

How much is it?

하우 머취 이즈 잇?

★ 022 사과 한 개에 얼마예요?

How much is one apple?

하우 머취 이즈 원 에플?

★ 023 마음에 드시는 것 있으세요?

Anything you like?

에니띵 유 라이크?

★ 024 어디서 환전할 수 있나요?

Where can I exchange money?

웨얼 캔 아이 익쓰췌인지 머니?

★ 025 할인해줄 수 있나요?

Can you give me a discount?

캔 유 깁 미 어 디스카운트?

★ 026 어떻게 생각해요?

What do you think?

왓 두 유 띵크?

★ 027 더 작은 치수 있나요?

Do you have a smaller size?

두 유 해브 어 스몰럴 싸이즈?

★ 028 이것은 새로운 물건인가요?

Is it a new product?

이즈 잇 어 뉴 프로덕트?

★ 029 편의점에 갈까요?

Let's go to the convenience store.

레츠 고우 투 더 컨비니언스 스토얼.

★ 030 카드로 계산 받나요?

Do you take credit cards?

두 유 테익 크레딧 칼즈?

Part 04

단위

패턴
031

How long have you met him?
하우 롱 해브 유 멧 힘?

"그를 만난 지 얼마나 되었습니까?"라는 뜻입니다. 이렇게 기간을 물어 보거나 길이를 물어볼 때는 의문사 how와 형용사 long를 함께 사용합니다. 자주 사용하는 표현이니 잘 외워서 적절한 상황에 사용해보세요.

We have met for 3 years. 3년 만났습니다.
위 해브 멧 폴 쓰리 이얼스.

This is the longest river in the U.S. 이것은 미국에서 가장 긴 강입니다.
디쓰 이즈 더 롱기스트 리벌 인 더 유에쓰.

We have to get in line for 2 hours. 우리는 2시간 동안 줄을 서야 합니다.
위 해브 투 겟 인 라인 폴 투 아월스.

TIP 영어에서 "얼마 동안"이라는 말을 할 때 사용하는 전치사는 for 입니다. for 은 "위해서"라는 뜻으로 많이 쓰이지만 뒤에 시간이 오면 "~동안"이라는 뜻이 됩니다. 그리고 마지막 문장에 사용된 have to는 "~를 해야 한다"라는 뜻입니다.

☑ 이 탁자 길이가 얼마죠?
How long is this table?
하우 롱 이즈 디쓰 테이블?

☑ 내 바지는 그렇게 길지 않다.
My pants are not that long.
마이 펜츠 얼 낫 뎃 롱.

☑ 그 강의는 너무 길다.
The lecture is too long.
더 렉쳘 이즈 투 롱.

☑ 그의 연필은 아주 길어.
His pencil is very long.
히스 펜쓸 이즈 베리 롱.

단어

met 만났다
'meet'의 과거,
과거분사 형태

river 강

the U.S. 미국
(the United
States)

get in line 줄을
서다

table 탁자

lecture 강의

pencil 연필

영어의 that은 주로 "그것"이라는 의미로 사용되지만 형용사 앞에 쓰이면 "그렇게"라고 사용될 수 있습니다. 예를 들어 that fast?라고 하면 "그렇게 빨라요?"라는 뜻이 됩니다.

A : 그를 만난 지 얼마나 되었습니까?

How long have you met him?

하우 롱 해브 유 멧 힘?

B : 10년 만났습니다.

We have met for 10 years.

위 해브 멧 폴 텐 이얼스.

A : 그렇게 오래되었어요?

That long?

덧 롱?

B : 네, 저희는 다음 달에 결혼합니다.

Yes, we will get married next month.

예스, 위 윌 겟 메뤼드 넥스트 먼스.

A : 축하해요.

Congratulations.

콩그레쥴레이션스.

B : 감사합니다.

Thank you very much.

땡큐 베리 머취.

get married
결혼하다

congratulations
축하합니다.

영어로 "결혼하다"라는 표현은 get married라고 합니다. 누구와 결혼한다고 말하고 싶으면 뒤에 to를 붙여서 get married to라고 하시면 됩니다. 예) I will get married to him. 저는 그와 결혼할 것입니다.

How short is the trip?
하우 숄트 이즈 더 츄립?

"여행이 얼마나 짧아요?"라는 뜻입니다. 시간이 얼마나 긴지 물어볼 때는 long을 사용했지만 얼마나 짧은지 물어볼 때는 short가 사용됩니다.

The time is too short.   시간이 너무 짧아요.
더 타임 이즈 투 숄트.

The trip is only 3 days.   여행은 딱 3일입니다.
더 츄립 이즈 온리 쓰리 데이즈.

We only have to wait for two minutes.   우리는 2분 동안만 기다리면 됩니다.
위 온리 해브 투 웨잇 폴 투 미니츠.

TIP

long처럼 short도 추상적인 시간의 개념과 구체적인 길이의 개념에 모두 사용될 수 있습니다. 대답을 할 때 only(오직)를 사용하면 "겨우 ~밖에 안 된다"라는 느낌을 줄 수 있습니다.

☑ 이 연필 얼마나 짧죠?
How short is this pencil?
하우 숏트 이즈 디쓰 펜쓸?

☑ 삶은 너무 짧습니다.
Life is very short.
라이프 이즈 베리 숏트.

☑ 제 책상은 길이가 딱 맞습니다.
My desk is just right in length.
마이 데스크 이즈 저스트 롸잇 인 랭스.

☑ 저는 겨우 두 달 동안만 영어를 공부했습니다.
I have studied English for only two months.
아이 해브 스터디드 잉글리쉬 폴 온리 투 먼스.

영어에서 딱 맞다는 말을 할 때는 just right을 사용합니다. 무엇이 딱 맞는지 이야기해주고 싶으면 뒤에 in을 붙이고 기준을 말하면 됩니다. 예를 들어 "크기가 딱 맞다"라고 하고 싶으면 just right in size라고 하면 됩니다.

단어

life 삶
desk 책상
just right 딱 맞는

A : 저는 여행을 갑니다.

I am going on a trip.

아이 엠 고잉 온 어 츄립.

B : 그런데 일해야 하잖아요.

But you have to work.

벗 유 해브 투 월크.

A : 그냥 짧은 여행이에요.

It's just a short trip.

이츠 저스트 어 숄트 츄립.

B : 여행이 얼마나 짧아요?

How short is the trip?

하우 숄트 이즈 더 츄립?

A : 겨우 2박(3일)이에요.

Only two nights.

온리 투 나이츠.

B : 그게 짧은 거예요?

Do you call that short?

두 유 콜 뎃 숄트?

단어

go on a trip
여행 가다

work 일하다

night 박

우리는 여행을 갈 때 몇 박 며칠 간다고 표현합니다. 하지만 영어에서는 주로 몇 박을 하는지만 이야기합니다. 그래서 3박 4일이면 three nights, 4박 5일이면 four nights라고 하시면 됩니다.

How tall are you?
하우 톨 얼 유?

"키가 얼마나 되세요?"라는 뜻입니다. 사람들에 대해 알아가다 보면 그 사람들의 키에 대해 궁금해질 때가 있습니다. 그 때 사용할 수 있는 표현이니 잘 익혀서 사용해보세요.

I am 6 feet.
아이 엠 씩쓰 피트.

6피트입니다.

I am about 5 feet.
아이 엠 어바웃 파이브 피트.

저는 5피트 정도입니다.

I am 150 centimeters.
아이 엠 원 피프티 쎈티미털스.

150cm입니다.

TIP
자신의 키를 말할 때는 I am을 말하고 뒤에 키를 말해주면 됩니다. 우리나라에서는 미터 혹은 센티미터로 말을 하는데 미국에서는 주로 피트로 키를 표현합니다. 피트의 개념에도 익숙해지셔서 자유롭게 사용할 수 있도록 해보세요. (1 feet = 30.48 cm)

☑ 당신은 정말 커 보여요.
You look so tall.
유 룩 쏘 톨.

☑ 키가 몇이십니까?
What's your height?
와츠 유얼 하이트?

☑ 센티미터로 키가 어느 정도 되나요?
How tall are you in centimeters?
하우 톨 얼 유 인 쎈티미털스?

☑ 180cm입니다.
I am 180 in centimeters.
아이 엠 원 에이티 인 쎈티미털스.

단어

tall 키가 큰
height 높이, 키
feet 피트
centimeter
쎈티미터

피트의 개념이 아직 익숙하지 않으시면 centimeter로
바꿔서 이야기하셔도 됩니다. 그때는 in centimters라
는 표현을 사용하는데 의미는 "센티미터로"입니다.

A : 키가 얼마나 되세요?

How tall are you?

하우 톨 얼 유?

B : 6피트 1인치입니다.

I am 6 feet 1 inch.

아이 엠 씩쓰 피트 원 인치.

A : 센티미터로 얼마나 큰 거죠?

How tall is that in centimeters?

하우 톨 이즈 뎃 인 쎈티미털스?

B : 185cm 정도입니다.

About 185 centimeters.

어마웃 원 에이티파이브 쎈티미털스.

A : 그래서 당신이 정말 커 보이는군요.

That's why you look so tall.

데츠 와이 유 룩 쏘 톨.

B : 아마도 그런가봐요.

Maybe.

메이비.

inch 인치

that's why
그래서 ~군요

maybe 아마도

피트는 30cm 정도 되고 그 아래 단위를 말할 때는 inch를 사용하
는데 1인치가 2.54cm입니다. 상황마다 계산하기는 어려울 수 있
으니 최소한 자신의 키는 몇 피트 몇 인치인지 외워서 적절한 상황
에 사용해보세요.

How much do you weigh?
하우 머취 두 유 웨이?

"체중이 얼마나 나가세요?"라는 뜻입니다. 사이가 아주 가까운 사람이
나 친구들한테 물어볼 수 있는 표현입니다. 외워두시면 유용하게 사용할 수 있
을 것입니다.

 140 pounds.
원 헌쥬레드 폴티 파운즈.

140파운드입니다.

 I am about 120 pounds.
아이 엠 어바웃 원 헌쥬레드 투엔티 파운즈.

저는 약 120파운드입니다.

 I am over 180 pounds.
아이 엠 오벌 원 헌쥬레드 에이티 파운즈.

180파운드가 넘게 나갑니다.

  영어로 몸무게를 이야기할 때는 킬로그램보다 파운드를 많이 사용합니다.
1파운드가 0.45킬로그램 정도 되고 10파운드는 4.5킬로가 됩니다. 순간
순간 계산하기는 어려울 수 있기 때문에 먼저 중요한 정보만 파운드로 외
워서 사용해보세요.

Part 04. 단위

패턴
034

TIP

☑ 최근에 살이 쪘습니다.
Recently, I got weight.
뤼쎈틀리, 아이 갓 웨이트.

☑ 살이 빠졌습니다.
I lost weight.
아이 로스트 웨이트.

☑ 저는 10파운드를 빼고 싶습니다.
I want to lose 10 pounds.
아이 원 투 루즈 텐 파운즈.

☑ 저는 200파운드에 가깝습니다.
I am close to 200 pounds.
아이 엠 클로우스 투 투 헌쥬레드 파운즈.

단어

recently 최근에

weight 체중

lose 잃다

close to ~에
가까운

영어로 체중이 늘었다고 할 때는 동사 get을 사용하고 빠
졌다고 할 때는 lose를 사용합니다. 체중은 우리나라나
외국이나 민감한 주제일 수 있으니 충분히 가까워진 사람
들에게 이야기하는 것이 좋습니다.

A : 체중이 얼마나 나가세요?
How much do you weigh?
하우 머취 두 유 웨이?

B : 160파운드가 넘게 나갑니다.
I am over 160 pounds.
아이 엠 오벌 원 헌쥬레드 씩스티 파운즈.

A : 정말요? 그런데 당신은 말라 보여요.
Really? But you look thin.
뤼얼리? 벗 유 룩 띤.

B : 그렇게 말해줘서 고마워요. 그런데 전 몸무게를 줄여야 해요.
Thank you for saying that, but I need to lose weight.
땡큐 폴 쎄잉 뎃, 벗 아이 니드 투 루즈 웨이트.

A : 저도 그래요.
So do I.
쏘 두 아이.

B : 그럼, 같이 운동해요.
Then, let's work out together.
덴, 레츠 월크 아웃 투게덜.

단어

thin 마른

work out
운동하다

서양권의 많은 나라들은 남자나 여자나 운동하는 것이 생활화되어 있습니다. 영어로 "운동하다"를 work out이라고 합니다. exercise 라는 표현도 있지만 work out을 더 많이 사용합니다.

What's the temperature today?

와츠 더 템퍼레이철 투데이?

"오늘 몇 도예요?"라는 뜻입니다. 날씨에 대한 이야기는 어디를 가나 좋은 주제이니 꼭 외워서 외국 사람을 만나면 사용해보시기 바랍니다.

The lowest temperature is 20 degree Celsius. 최저기온은 20도입니다.

더 로이스트 템퍼레이철 이즈 투엔티 디그리 쎌씨어스.

The highest temperature is 30 degree Celsius. 최고기온은 30도입니다.

더 하이스트 템퍼레이철 이즈 떨티 디그리 쎌씨어스.

It will reach 40 degree Celsius. 40도까지 올라갈 것입니다.

잇 윌 리치 폴티 디그리 쎌씨어스.

TIP

온도를 나타낼 때는 degree라는 단어를 사용합니다. degree는 각도를 잴 때도 사용되고 온도를 나타낼 때도 사용됩니다. Celsius는 섭씨라는 뜻인데 외국에서는 화씨(Fahrenheit)로 온도를 말하는 곳이 많기 때문에 Celsius라고 분명하게 말을 해주는 것이 좋습니다.

☑ 내일 최저기온이 몇 도입니까?
What's the lowest temperature tomorrow?

와츠 더 로이스트 템퍼레이쳘 투머로우?

☑ 어제 최고기온이 몇 도였습니까?
What was the highest temperature yesterday?

왓 워즈 더 하이스트 템퍼레이쳘 예스터데이?

☑ 오늘 평균기온이 몇 도입니까?
What's the average temperature today?

와츠 디 에버리지 템퍼레이쳘 투데이?

단어

degree 각도, 온도

lowest 최저

temperature 기온

highest 최고

average 평균

영어에서 "가장 ~한"이라는 표현을 최상급이라고 부릅니다. 형용사를 최상급으로 만들기 위해서는 형용사 끝에 est를 붙이거나 형용사가 3음절 이상이면 단어 앞에 most를 붙여주면 됩니다. 예) hot(뜨거운) → hottest(가장 뜨거운), beautiful(아름다운) → most beautiful (가장 아름다운)

A : 오늘은 몇 도인가요?

What's the temperature today?

와츠 더 템퍼레이철 투데이?

B : 최고기온은 40도입니다.

The highest temperature is 40 degree Celsius.

더 하이스트 템퍼레이철 이즈 폴티 디그리 쎌씨어스.

A : 정말요? 너무 찜통더위예요.

Really? It's scorching.

뤼얼리? 이츠 스콜칭.

B : 그렇죠, 그래도 밤에는 정말 추울 거예요.

Yes, but it will be freezing at night.

예스, 벗 잇 윌 비 프리징 엣 나잇.

A : 최저기온이 몇 도인데요?

What's the lowest temperature?

와츠 더 로이스트 템퍼레이철?

B : 최저기온이 2도일 거예요.

The lowest temperature will be 2 degree Celsius.

더 로이스트 템퍼레이철 윌 비 투 디그리 쎌씨어스.

단어

scorching 찜통
같이 더운

freezing 아주
추운

날씨를 말할 때는 평균온도를 이야기할 때도 있지만 최저, 최고기온
을 물어볼 때도 많으니 형용사 low와 high의 최상급 표현을 잘 익혀
두세요. (low의 최상급: lowest, high의 최상급: highest)

How long does it take to get to the theater?

하우 롱 더즈 잇 테익 투 겟 투 더 띠어털?

"영화관까지 얼마나 걸리나요?"라는 뜻입니다. 주로 특정 장소까지 얼마나 걸리는지 혹은 어떤 일을 하는데 얼마나 걸리는지 물을 때 사용됩니다. 아주 유용한 표현이므로 꼭 외워두세요.

Part 04. 단위

It's a 10 minute walk.   걸어서 10분 걸려요.

이츠 어 텐 미닛 워크.

It's a 20 minute drive.   차로 20분 걸립니다.

이츠 어 투엔티 미닛 쥬라이브.

It's 30 miles from here.   여기서부터 30마일 거리입니다.

이츠 떨티 마일스 프럼 히얼.

TIP

우리나라에서는 거리를 이야기할 때 주로 km를 사용하지만 영어권에서는 마일을 사용하는 경우가 많이 있습니다. 마일로 거리를 이야기할 때는 1마일이 약 1.6km라는 것을 염두에 두시고 사용하시면 됩니다.

관련표현

☑ 시청은 여기서부터 어느 정도 거리입니까?
How far is the City Hall from here?
하우 팔 이즈 더 씨티 홀 프럼 히얼?

☑ 지하철을 타고 30분 걸립니다.
It takes about 30 minutes by subway.
잇 테익스 어바웃 떨티 미니츠 바이 썹웨이.

☑ 여기서부터 500m 정도 걸어가시면 됩니다.
It's a 500 meter walk from here.
이츠 어 파이브 헌쥬레드 미터 워크 프럼 히얼.

단어

walk 걷다
drive 차를 타다
City Hall 시청
subway 지하철
meter 미터

영어에서 숫자는 명사로 사용되지만 뒤에 walk, drive 같이 이동 방법을 붙이거나 meters 같이 거리를 붙이면 형용사가 되고, 거리가 얼마나 되는지 알려주는 용도로 쓰일 수 있습니다. 유용한 표현이니 기억해두세요.

A : 영화관까지 얼마나 걸리나요?

How long does it take to get to the theater?

하우 롱 더즈 잇 테익 투 겟 투 더 띠어털?

B : 여기서 차로 2분 걸립니다.

It's a 2 minute drive from here.

이츠 어 투 미닛 쥬라이브 프럼 히얼.

A : 정말 가깝네요.

That is so close.

뎃 이즈 쏘 클로우스.

B : 네, 가까워요. 걸어서 갈 수도 있어요.

Yes, it is close. You can go there on foot.

예스, 잇 이즈 클로우스. 유 캔 고우 데얼 온 풋.

A : 걸으면 얼마나 걸려요?

How long does it take to get there if I walk?

하우 롱 더즈 잇 테익 투 겟 데얼 이프 아이 워크?

B : 걸어서 12분 걸려요.

It's a 12 minute walk.

이츠 어 투엘브 미닛 워크.

단어

theater 영화관

close 가까운

How long does it take to~?는 "~하는데 얼마나 걸려요?"라는 뜻입니다. 예를 들어 How long does it take to finish(마치다) this?라고 하면 "이것을 마치는데 얼마나 걸려요?"가 됩니다.

패턴 037

Which floor are you on?
위치 플로얼 얼 유 온?

"몇 층에 있어요?"라는 뜻입니다. 사람뿐만 아니라 사물이 몇 층에 있는지 물어볼 때 사용할 수 있습니다. 요즘에는 고층 건물이 많기 때문에 일상생활에서 유용하게 사용할 수 있는 표현입니다.

I am on the 2nd floor.   2층에 있습니다.
아이 엠 온 더 쎄컨드 플로얼.

The seventh floor.   7층이요.
더 쎄븐스 플로얼.

Let's get on the elevator.   10층이니까 엘리베이터를 탑시다.
It's on the 10th floor.
레츠 겟 온 디 엘리베이럴. 이츠 온 더 텐스 플로얼.

TIP

엘리베이터를 탄다고 할 때는 동사 get on을 사용합니다. get on은 엘리베이터뿐만 아니라 자동차, 버스 그리고 지하철 등 교통수단에 탈 때도 사용되니 꼭 기억해두세요.

☑ 옷가게는 4층입니다.
The clothing shop is on the 4th floor.
더 클로딩 샵 이즈 온 더 폴스 플로얼.

☑ 그것은 지하에 있어요.
It's at the basement.
이츠 엣 더 베이쓰먼트.

☑ 엘리베이터는 7층까지 올라가요.
The elevator goes up to the 7th floor.
디 엘리베이럴 고우즈 업 투 더 쎄븐스 플로얼.

Part 04 단위

단어

floor 층

clothing shop
옷가게

basement 지하

elevator
엘리베이터

장소를 가리키는 전치사는 in, at 그리고 on이 있습니다. in은 주로 나라나 도시같이 큰 장소를 가리킬 때 사용합니다. at은 너무 크지 않은 특정 장소를 말할 때 사용하는데 가게나 집과 같은 장소를 이야기할 때 사용합니다. on은 조금 특이한 면이 있는데 주로 평면상에 있는 장소를 이야기할 때 사용합니다. 예를 들어 "거리에서"라고 말을 하고 싶으면 on the street이라고 말을 합니다. 거리가 평면에 있기 때문입니다. 같은 원리로 층도 평면상에 있기 때문에 on을 씁니다.

A : 몇 층에 있어요?
Which floor are you on?
위치 플로얼 얼 유 온?

B : 2층에 있습니다.
I am on the 2nd floor.
아이 엠 온 더 쎄컨드 플로얼.

A : 우리 7층에 올라가요.
Let's go up to the 7th floor.
레츠 고우 업 투 더 쎄븐스 플로얼.

B : 왜요? 7층에 뭐가 있는데요?
Why? What's on the 7th floor?
와이? 와츠 온 더 쎄븐스 플로얼?

A : 7층에 장난감 가게가 있어요.
There is a toy store on the 7th floor.
데얼 이즈 어 토이 스토얼 온 더 쎄븐스 플로얼.

B : 좋아요. 아이들을 위해 장난감을 살 수 있겠네요.
Ok, maybe I can buy a toy for my kids.
오케이, 메이비 아이 캔 바이 어 토이 폴 마이 키즈.

단어

go up 올라가다

toy store 장난감 가게

chair 의자

영어에서 "무엇이 있다"라고 말을 할 때 there is/are을 많이 사용합니다. 단수일 때는 is, 복수일 때는 are을 씁니다. 예를 들어 "의자가 하나 있다"라고 말을 하고 싶으면 There is a chair이라고 말하면 됩니다.

What percent is off?
왓 펄쎈트 이즈 오프?

"몇 퍼센트가 세일이죠?"라는 뜻입니다. off는 "떨어진다"는 의미가 있는데 여기서는 가격이 떨어진다는 것을 의미합니다. 쇼핑할 때 특히 자주 사용되는 표현이므로 관련 표현들을 익혀서 적절한 상황에 사용해보시기 바랍니다.

Part 04 단위

It's twenty percent off the regular price today.
이츠 투엔티 펄쎈트 오프 더 뤠귤럴 프라이스 투데이.

오늘은 평소보다 20% 할인입니다.

Thirty percent off.
떨티 펄쎈트 오프.

30% 할인입니다.

Fifty percent discount.
피프티 펄쎈트 디스카운트.

50% 할인입니다.

TIP

percent는 원래 영어에서 온 단어로 우리나라에서도 이미 외래어로 사용되는 있는 단어입니다. 그러므로 percent의 뜻은 한국 사람들도 잘 알고 있습니다. 이제 관련 표현들에 익숙해져서 영어로 비율에 관련된 표현을 자유롭게 쓸 수 있도록 해보세요.

☑ 우리 수출은 30% 증가했습니다.
Our export grew by thirty percent.
아월 엑스폴트 그루 바이 떨티 펄쎈트.

☑ 15%의 학생들이 시험을 통과했습니다.
Fifteen percent of the students passed the exam.
피프틴 펄쎈트 오브 더 스튜던츠 페스드 디 익젬.

☑ 그들 중 3분의 1은 여자입니다.
One third of them are women.
원 떨드 오브 뎀 얼 웨먼.

영어로 분수를 표현하는 방법은 간단합니다. 분모는 서수로, 분자는 기수로 표현하고 분자를 먼저 말해주면 됩니다. 예를 들어 4분의 1이면 분자인 1의 기수가 one이기 때문에 one을 먼저 말하고 4의 서수인 forth를 말하면 됩니다.

단어

regular 평소의
export 수출
pass 통과하다
women 여자들

A : 몇 퍼센트가 세일이죠?

What percent is off?

왓 펄쎈트 이즈 오프?

B : 이번 주말까지 평소보다 40% 할인입니다.

It's forty percent off the regular price until this weekend.

이츠 폴티 펄쎈트 오프 더 뤠귤럴 프라이스 언틸 디쓰 위크엔드.

A : 정말요? 왜 이렇게 싸요?

Really? Why are they so cheap?

뤼얼리? 와이 얼 데이 쏘 칩?

B : 우리 매장의 열 번째 기념일이에요.

It's the 10th anniversary of our market.

이츠 더 텐스 에니벌쎄리 오브 아월 말켓.

A : 그렇군요. 여기 있는 것들을 다 샀으면 좋겠네요.

I see. I wish I could buy all of them.

아이 씨. 아이 위씨 아이 쿠드 바이 올 오브 뎀.

B : 저 남자는 방금 우리 가방의 7분의 1을 샀어요.

That guy just bought one seventh of all our bags.

뎃 가이 저스트 보웃 원 쎄븐스 오브 올 아월 벡스.

단어

anniversary
기념일

market 매장

bag 가방

영어 서수를 아라비아 숫자로 표현할 때는 첫 번째, 두 번째, 세 번째만 다르고 모두 같습니다. 먼저 첫 번째는 1st, 두 번째는 2nd, 세 번째는 3rd 라고 하고 네 번째부터는 4th 처럼 th를 붙이면 됩니다. (20이 넘어가면 21, 22, 23에서만 다시 st, nd, rd를 붙이고 30, 40, 50 계속 올라가도 같은 원리를 적용합니다.)

패턴 039

How big is the house?

하우 빅 이즈 더 하우스?

"집이 얼마나 커요?"라는 뜻으로 집을 알아볼 때 사용할 수 있는 표현입니다. 영어권 국가에서 집을 알아보러 다닐 때 유용하게 사용하실 수 있습니다. 잘 익혀서 외국에 나갈 때 활용해보세요.

It's about 1,800 square feet. 1,800피트 정도 됩니다.
이츠 어바웃 원 따우전 에잇 헌쥬레드 스쿠에얼 피트.

It's the third biggest house in LA. LA에서 세 번째로 넓은 곳입니다.
이츠 더 떨드 비기스트 하우스 인 엘에이.

It's as big as a school. 학교 하나만 합니다.
이츠 에즈 빅 에즈 어 스쿨.

한국에서는 방 크기를 말할 때 평으로 이야기하지만 미국에서는 square feet으로 말합니다. 100 square feet이 약 2.8평 정도 되기 때문에 우리나라에서 30평 정도의 집을 말할 때는 대략 1,000 square feet이라고 말하면 됩니다.

☑ 그 방은 얼마나 큽니까?
How big is the room?
하우 빅 이즈 더 룸?

☑ 그 아파트는 얼마나 많은 방을 갖고 있습니까?
How many rooms does the apartment have?
하우 메니 룸스 더즈 디 아팔트먼트 해브?

☑ 테니스 코트 정도로 넓습니다.
It's as big as a tennis court.
이츠 에즈 빅 에즈 어 테니스 콜트.

☑ 집 크기를 재본 적이 없어요.
I haven't measured my house.
아이 해븐 메졀드 마이 하우스.

단어

apartment
아파트

tennis 테니스

measure
측정하다

영어에서 크기나 길이를 잰다고 할 때 동사 measure을 사용합니다. 무엇을 측정하는 상황에서 가장 자주 사용되는 동사이니 잘 외워서 사용해보세요.

A : 저는 다음 달에 이사 갑니다.

I am moving out next month.

아이 엠 무빙 아웃 넥스트 먼스.

B : 어디로 이사 가나요?

Where are you moving to?

웨얼 얼 유 무빙 투?

A : 저는 서울로 이사 가요.

I am moving to Seoul.

아이 엠 무빙 투 서울.

B : 정말 좋네요! 집이 얼마나 커요?

That's great! How big is the house?

데츠 그뤠잇! 하우 빅 이즈 더 하우스?

A : 2,000피트 정도 되고 방이 세 개 있습니다.

It's about 2,000 square feet and have three rooms.

이츠 어바웃 투 따우전 스쿠에얼 피트 엔 해브 쓰리 룸스.

B : 서울 갈 때 방문할게요.

I will visit you when I go to Seoul.

아이 윌 비짓 유 웬 아이 고우 투 서울.

단어

move out 이사 가다

move to ~로 이사 가다

square feet 평방 피트

visit 방문하다

영어에서 이사를 갈 때 사용하는 동사는 move입니다. 이사를 간다고 할 때는 move out, 온다고 할 때는 move in 그리고 어디로 간다고 할 때는 move to를 사용합니다.

How thick is it?
하우 띡 이즈 잇?

Part 04

단위

"얼마나 두꺼워요?"라는 뜻입니다. 물건의 두께를 물어볼 때 사용할 수 있습니다. 상점에 가서 물건을 살 때 자주 사용하는 표현이므로 잘 익혀서 사용해 보세요.

It's about 1 inch.   1인치 정도 됩니다.
이츠 어바웃 원 인치.

It's 5 inches at best.   아무리 두꺼워도 5 인치일 거예요.
이츠 파이브 인치스 엣 베스트.

Let's measure its thickness. 두께를 재어봅시다.
레츠 메절 이츠 띠크니스.

TIP

우리나라에서는 두께를 잴 때 cm를 사용하지만 영어에서는 inch를 사용합니다. 1 inch는 2.54cm가 됩니다. 영어권 사람들과 두께에 대해 이야기할 때는 inch를 사용한다는 것을 기억해두세요.

☑ 이 교과서는 아주 두껍습니다.
This textbook is very thick.
디쓰 텍스트북 이즈 베리 띡.

☑ 그는 철면피입니다.
He is very barefaced.
히 이즈 베리 베얼페이스쁘.

☑ 우리는 우정이 두텁습니다.
We have a close friendship.
위 해브 어 클로우스 프렌드쉽.

☑ 그녀의 화장은 항상 너무 진합니다.
Her makeup is always too thick.
헐 메이컵 이즈 올웨이즈 투 띡.

단어

textbook 교과서
thick 두께
barefaced
철면피의
friendship 우정
always 항상

"두껍다"라는 말은 구체적인 물건뿐만 아니라 추상적인 것에도 사용됩니다. 영어에서는 이런 경우에 thick을 사용할 수 있지만 barefaced나 close 같은 단어들도 사용할 수 있으니 우리나라 말을 항상 직역하기보다는 상황에 맞는 영어 단어를 그때그때 외워두는 것이 중요합니다.

A : 무엇을 도와드릴까요?
Can I help you?
캔 아이 핼프 유?

B : 공책을 하나 사고 싶습니다.
I want to buy a notebook.
아이 원 투 바이 어 노트북.

A : 알겠습니다. 이건 어떤가요?
Ok. How about this one?
오케이. 하우 어바웃 디쓰 원?

B : 얼마나 두껍나요?
How thick is it?
하우 띡 이즈 잇?

A : 1인치 정도 됩니다.
It's about 1 inch.
이츠 어바웃 원 인치.

단어

B : 그건 너무 두껍네요.
That's too thick.
데츠 투 띡.

notebook 공책

laptop 컴퓨터
노트북

one 하나, (한)
사람, (하나의)
물건

우리나라에서 노트북이라고 하면 컴퓨터 노트북을 말합니다. 하지만 영어에서는 컴퓨터 노트북을 laptop이라고 부르고 공책을 note-book이라고 부릅니다. 헷갈릴 수 있으니 잘 기억해두세요.

135

★ 031 그를 만난 지 얼마나 되었습니까?

How long have you met him?

하우 롱 해브 유 멧 힘?

★ 032 여행이 얼마나 짧아요?

How short is the trip?

하우 숄트 이즈 더 츄립?

★ 033 키가 얼마나 되세요?

How tall are you?

하우 톨 얼 유?

★ 034 체중이 얼마나 나가세요?

How much do you weigh?

하우 머취 두 유 웨이?

★ 035 오늘 몇 도예요?

What's the temperature today?

와츠 더 템퍼레이철 투데이?

★ 036 영화관까지 얼마나 걸리나요?

How long does it take to get to the theater?

하우 롱 더즈 잇 테익 투 겟 투 더 띠어털?

★ 037 몇 층에 있어요?

Which floor are you on?

위치 플로얼 얼 유 온?

★ 038 몇 퍼센트가 세일이죠?

What percent is off?

왓 펄쎈트 이즈 오프?

★ 039 집이 얼마나 커요?

How big is the house?

하우 빅 이즈 더 하우스?

★ 040 얼마나 두꺼워요?

How thick is it?

하우 띡 이즈 잇?

Part 05

만남

패턴
041

Are you interested in going there?

얼 유 인터레스티드 인 고잉 데얼?

"그곳에 가는 것에 관심이 있습니까?"라는 뜻입니다. 상대방에게 어떤 일에 관심이 있는지 질문할 때 자주 사용하는 표현입니다. 또한 상대방에게 약속을 제안하거나 함께 놀러가자고 할 때도 자주 사용되는 표현입니다. 용법을 잘 익혀서 실생활에서 사용해보시기 바랍니다.

I am interested in going there. 가는 것에 관심 있습니다.

아이 엠 인터레스티드 인 고잉 데얼.

Sorry, I am not. 미안하지만 관심 없어요.

쏘리, 아이 엠 낫.

Where is it? 거기가 어디입니까?

웨얼 이즈 잇?

TIP 영어에서 interesting은 "흥미로운"이라는 뜻의 형용사입니다. 그런데 ing를 빼고 ed를 붙이면 "~하는데 관심이 있는"이라는 뜻이 됩니다. 주요 사용 용법은 be interested in이고 in 뒤에 오는 명사에 관심이 있다는 뜻이 됩니다.

☑ 지금까지는 아무 계획 없습니다.
I don't have any plan yet.
아이 돈 해브 에니 플랜 옛.

☑ 누구를 만납니다.
I am meeting someone.
아이 엠 미팅 썸원.

☑ 당신이 가는 곳이면 어디든지 가겠습니다.
I will go with you wherever you go.
아이 윌 고우 윗 유 웨얼에벌 유 고우.

☑ 그곳에 가고 싶습니다.
I want to go there.
아이 원 투 고우 데얼.

Part 05 만남

yet 아직

someone 누군가

wherever
어디든지

appointment
(업무상) 약속

미국에서는 약속이 있을 때 위의 두 번째 표현처럼 간단하게 누구를 만난다고 표현을 많이 합니다. 영어로 약속을 appointment라고 하는데, 이러한 약속은 업무상의 약속을 가리킬 때 주로 사용됩니다.

A : 영화관에 가는 것에 관심 있으세요?

Are you interested in going to the cinema?

얼 유 인터레스티드 인 고잉 투 더 씨네마?

B : 그 영화관이 어디에 있나요?

Where is the cinema?

웨얼 이즈 더 씨네마?

A : 시청 바로 건너편에 있어요.

It's right across the City Hall.

이츠 롸잇 어크로쓰 더 씨티 홀.

B : 네, 거기에 가고 싶습니다.

Yes, I want to go there.

예스, 아이 원 투 고우 데얼.

A : 잘됐네요. 오늘 오후 5시에 만나요.

Great. Let's meet at 5 p.m. today.

그뤠잇. 레츠 밋 엣 파이브 피엠 투데이.

B : 네, 알겠습니다.

Ok, I got it.

오케이, 아이 가릿.

단어

cinema 영화관

across ~의 건너편

I got it 알겠습니다.

영어로 시청을 City Hall이라고 부릅니다. 보통 영어에서는 문장 첫 번째 단어의 첫 글자와 특정한 이름의 첫 글자만 대문자로 씁니다. 하지만 City Hall은 일반적인 단어임에도 불구하고 첫 글자를 대문자로 쓰는 특성이 있습니다.

Where should we meet?

웨얼 슛 위 밋?

"어디에서 만날까요?"라는 뜻입니다. 약속 장소에 대해 질문할 때 주로 사용되는 표현입니다. 약속할 때는 꼭 물어보거나 받게 되는 질문이니 관련 표현들과 단어들을 잘 익혀두셔서 실생활에 사용해보시기 바랍니다.

Wherever you want.　　　　　　어디든지 좋아요.

웨얼에벌 유 원트.

Let's meet at the aquarium.　　수족관에서 만나요.

레츠 밋 엣 디 아쿠아리움.

How about in front of Busan Station?　　부산역 앞은 어떻습니까?

하우 어바웃 인 프론트 오브 부산 스테이션?

TIP

영어로 수족관을 aquarium이라고 합니다. 이 단어는 외래어로도 자주 사용되고 있습니다. 원래 라틴어에서 유래되었는데 aqua가 물을 의미합니다. 그래서 아쿠아가 들어간 단어들은 모두 물과 관련이 있습니다.

Part 05

문답

☑ 어디에서 만났으면 좋겠습니까?
Where do you want to meet?
웨얼 두 유 원 투 밋?

☑ 어디가 당신에게 가장 편하시겠습니까?
**Where would be the most convenient
for you?**
웨얼 웃 비 더 모스트 컨비니언트 폴 유?

☑ 그 서점은 너무 사람들로 붐벼요.
The bookstore is too crowded.
더 북스토얼 이즈 투 크라우디드.

☑ 카페에서 봐요!
See you at the café!
씨 유 엣 더 카페!

단어

should ~해야
한다

bookstore 서점

crowded 붐비는

café 카페

우리나라는 인구밀도가 비교적 높은 나라라서 사람들로
붐비는 곳이 많습니다. 이렇게 붐비는 장소를 묘사할 때
crowded라는 단어를 사용합니다. 유용한 단어이니 잘
외워두세요.

A : 이번 주 화요일에 어디에서 만날까요?
Where should we meet this Tuesday?
웨얼 슛 위 밋 디쓰 튜스데이?

B : 공항 앞은 어떻습니까?
How about in front of the airport?
아우 어바웃 인 프론트 오브 디 에어포트?

A : 공항은 너무 사람들로 붐벼요.
The airport is too crowded.
디 에어포트 이즈 투 크라우디드.

B : 그럼, 우체국에서 만나요.
Then, let's meet at the post office.
덴, 레츠 밋 엣 더 포스트 오피스.

A : 좋은 생각이에요.
That's a great idea.
데츠 어 그뤠잇 아이디어.

B : 그럼, 거기서 화요일에 만나요.
Ok, see you there on Tuesday.
오케이, 씨 유 데얼 온 튜스데이.

Part 05 만남

단어

airport 공항

post office
우체국

idea (기발한)
아이디어

영어로 "좋은 생각이야"라고 말을 할 때는 That's a great idea라고 말을 합니다. idea는 생각이라는 뜻인데 우리나라에서도 외래어로 아이디어라고 사용합니다.

패턴 043

Where are we going?
웨얼 얼 위 고잉?

"어디로 가고 있는 거죠?"라는 뜻입니다. 함께 동행하는 사람들에게 어디로 가고 있는지 혹은 목적지가 어디인지 질문할 때 주로 사용하는 표현입니다. 여행을 갔을 때나 친구들과 밖에서 시간을 보낼 때 유용하게 사용할 수 있는 표현이니 잘 익혀서 사용해보세요.

I am following you.
아이 엠 팔로잉 유.

저는 당신을 따라가고 있는데요.

Somewhere quiet.
썸웨얼 쿠아이어트.

조용한 곳이요.

Let me search the Internet.
렛 미 썰취 디 인털넷.

인터넷으로 찾아볼게요.

TIP

somewhere은 영어로 "어딘가"라는 뜻입니다. 하지만 뒤에 알맞은 형용사를 붙이면 "~한 장소"가 됩니다. 예를 들어 흥미있는 장소라고 말하고 싶으면 somewhere interesting이라고 말하면 되고, 사람이 많은 붐비는 장소라고 말하고 싶으면 somewhere crowded라고 말하면 됩니다.

☑ 싸고 가까운 곳에 갑시다.
Let's go somewhere cheap and close.
레츠 고우 썸웨얼 칩 엔 클로우스.

☑ 여기는 커피향이 나네요.
It smells like coffee here.
잇 스멜즈 라이크 커피 히얼.

☑ 라운지에 앉읍시다.
Let's sit at the lounge.
레츠 씻 엣 더 라운지.

☑ 어디로 가면 좋을까요?
Where should we go?
웨얼 슛 위 고우?

단어

follow 따라가다
smell like ~같은
냄새가 난다
coffee 커피
sit 앉다
lounge 라운지

영어에서 감각을 표현하는 동사들을 감각동사라고 합니다. 대표적인 감각동사는 look, smell, feel, sound 등이 있습니다. 이 감각동사들 뒤에 like를 붙이고 뒤에 명사를 붙이면 "~처럼 보인다", "~같은 냄새가 난다", "~같이 느껴진다", "~같은 소리가 난다"라는 뜻이 됩니다. 예를 들어 He looks like a robot이라고 하면 "그는 로봇 같아 보인다"라는 뜻이 됩니다.

145

A : 어디로 가고 있는 거죠?

Where are we going?

웨얼 얼 위 고잉?

B : 모르겠어요. 저는 당신을 따라가고 있는데요.

I don't know. I am following you.

아이 돈 노우. 아이 엠 팔로잉 유.

A : 그럼, 싸고 품위 있는 카페로 갑시다.

Then, let's go to a cheap and decent café.

덴, 레츠 고우 투 어 칩 엔 디쎈트 카페.

B : 여기는 아메리카노 향기가 나네요.

It smells like americano here.

잇 스멜즈 라이크 아메리카노 히얼.

A : 저기에 앉읍시다.

Let's sit there.

레츠 씻 데얼.

B : 여기 카페가 아메리카노로 유명하다고 들었어요.

I heard this café is famous for its americano.

아이 헐드 디쓰 카페 이즈 페이머쓰 폴 이츠 아메리카노.

단어

decent 수준이
괜찮은, 품위 있는

americano
아메리카노 커피

famous for ~로
유명한

영어로 품위가 있는 장소를 표현할 때는 형용사 decent를 자주 사용합니다. decent는 수준이 어느 정도 있고 괜찮은 레스토랑이나 장소를 표현할 때 자주 사용됩니다. 조금 품위 있는 장소를 표현하고 싶으면 semi-decent라고 하면 됩니다.

Where are you now?
웨얼 얼 유 나우?

"지금 어디에 있어요?"라는 뜻입니다. 상대방에게 현재 있는 장소를 물어
볼 때 사용하는 표현입니다. 특히 전화할 때나 온라인으로 대화를 할 때 유용하
게 사용할 수 있습니다. 관련 표현들을 익혀서 사용해보세요.

I am at home.
아이 엠 엣 홈.

집에 있어요.

I am on the subway.
아이 엠 온 더 썹웨이.

전철 안에 있습니다.

I am in South Korea.
아이 엠 인 싸우스 코뤼아.

저는 한국에 있습니다.

TIP

영어에서 장소에 관련된 전치사 중 on은 평면상의 장소에 있는 것을 나
타낼 때 사용되는데 차나 기차같이 교통수단을 이용하고 있을 때도 on을
사용합니다. 평소에 자주 사용하는 표현이므로 잘 익혀서 사용해보세요.

Part 05 만남

147

☑ 지금 오고 있나요?

Are you on the way now?

얼 유 온 더 웨이 나우?

☑ 시간 안에 올 수 있어요?

Can you make it on time?

캔 유 메이크 잇 온 타임?

☑ 시간 안에 그곳에 도착할 수 있어요.

I can be there on time.

아이 캔 비 데얼 온 타임.

☑ 곧 도착합니다.

I will be there soon.

아이 윌 비 데얼 쑨.

영어로 "도착하다"라는 의미를 갖는 동사는 arrive입니다. 하지만 일상생활에서 "도착하다"라는 의미를 표현할 때 원어민들은 get 혹은 be동사를 사용하는 경우가 많이 있습니다. get은 원래 "얻다"라는 뜻이지만 "도착하다"로 사용될 수 있고, be동사는 "~에 있다"라는 뜻이지만 미래형으로 쓰여서 "~에 있을 것이다"가 되면 "도착하다"라는 의미가 됩니다.

단어

on the way
도중에

make it 도착하다,
성공하다

on time 시간에
맞게

arrive 도착하다

A : 지금 어디에 있어요?

Where are you now?

웨얼 얼 유 나우?

B : 서울로 가는 버스 안에 있습니다.

I am on the bus to Seoul.

아이 엠 온 더 버스 투 서울.

A : 회의는 20분 후에 시작합니다.

The meeting starts in 20 minutes.

더 미팅 스탈츠 인 투엔티 미니츠.

B : 15분 안에 도착합니다.

I will be there in 15 minutes.

아이 윌 비 데얼 인 피프틴 미니츠.

A : 알겠습니다. 곧 봬요.

Ok, see you soon.

오케이, 씨 유 쑨.

B : 네, 전화주셔서 감사합니다.

Ok, thank you for calling.

오케이, 땡큐 폴 콜링.

단어

bus 버스

meeting 회의

영어에서는 "~후에"라는 말을 할 때는 주로 after를 사용합니다. 하지만 "(몇 초/분/시간) ~후에 (어떤 일이 발생한다)"는 것을 의미할 때는 in을 사용하는 것이 더 일반적입니다. in은 원래 넓은 장소나 연도를 표현할 때 사용되지만 이렇게 "~후에"라는 의미로도 사용될 수 있습니다.

Do you have a curfew?

두 유 해브 어 컬퓨?

"통금 시간이 있습니까?"라는 뜻입니다. 영어로 통금 시간은 curfew라고 합니다. 친구들과 이야기할 때 유용하게 사용할 수 있는 단어이고 특히 기숙사 생활을 하는 학생들이 자주 사용하게 되는 단어입니다.

My curfew is at midnight.   제 통금 시간은 자정입니다.

마이 컬퓨 이즈 엣 미드나잇.

No, I don't have a curfew.   저는 통금 시간이 없습니다.

노우, 아이 돈 해브 어 컬퓨.

Kind of··· but it's ambiguous.   있는 것 같지만 좀 애매합니다.

카인드 오브··· 벗 이츠 엠비규어스.

TIP

영어에서 kind는 "종류"라는 뜻입니다. kinds of chocolate이라고 하면 초콜렛의 종류를 나타냅니다. 하지만 구어체에서 of와 함께 부사로 사용될 때는 "어느 정도 그렇하다"라는 의미를 갖습니다. I kind of want to go there 이라고 하면 "나는 어느 정도 그곳에 가고 싶다"라는 의미가 됩니다.

☑ 우리 기숙사에는 통금 시간이 있습니다.
Our dormitory has a curfew.
아월 돌미터리 해즈 어 컬퓨.

☑ 저의 부모님은 통금 시간을 정해두셨습니다.
My parents set a curfew.
마이 페어런츠 쎗 어 컬퓨.

☑ 저는 통금 시간 이후에 밖에 나가 있을 수 없습니다.
I can't be out after curfew.
아이 캔트 비 아웃 에프터 컬퓨.

☑ 제 통금 시간은 오후 10시 30분입니다.
My curfew is 10:30 p.m.
마이 컬퓨 이즈 텐 떨티 피엠.

단어

curfew 통금 시간

dormitory
기숙사

set 정하다

impose 부과하다

after curfew라고 하면 "통금 후에" 라는 뜻이고 하나의 표현처럼 사용됩니다. 통금 시간을 정한다고 할 때는 동사 set 이나 impose를 사용할 수 있는데 impose는 조금 부정적인 뉘앙스를 갖고 있습니다.

Part 05 맞남

A : 저는 지금 집으로 돌아가야 합니다.
I need to go home now.
아이 니드 투 고우 홈 나우.

B : 왜요? 겨우 오후 8시밖에 안 됐는데요.
Why? It's only 8 p.m.
와이? 이츠 온리 에잇 피엠.

A : 네, 그래도 가야 해요.
Yeah, but I have to go.
예, 벗 아이 해브 투 고우.

B : 통금 시간이 있나요?
Do you have a curfew?
두 유 해브 어 컬퓨?

A : 제 통금 시간은 오후 9시예요. 통금 시간을 어기고 싶지 않아요.
My curfew is 9:00 p.m. I don't want to break my curfew.
마이 컬퓨 이즈 나인 피엠. 아이 돈 원 투 브레이크 마이 컬퓨.

B : 이해해요. 당신의 통금 시간을 지켜야죠.
I understand. You need to observe your curfew.
아이 언덜스텐드. 유 니드 투 옵절브 유얼 컬퓨.

단어

break 어기다

observe 지키다, 관찰하다

understand 이해하다

통금 시간과 가장 자주 쓰이는 동사는 "어기다"와 "지키다"입니다. 통금 시간을 어긴다고 할 때는 동사 break를 사용하고, 지킨다고 할 때는 observe를 사용합니다.

Do you have time?
두 유 해브 타임?

"시간이 있나요?"라는 뜻이 됩니다. 특히 time 뒤에 for + 동사ing를 사용하면 "~를 위한 시간이 있나요?"라는 뜻이 됩니다. 상대방에게 무엇을 같이 하자고 하면서 시간적인 여유가 있는지를 물어볼 때 자주 사용하는 표현입니다. 용법을 잘 익혀서 적절한 상황에 사용해보세요.

Sorry, I am busy now. 죄송합니다. 지금은 바쁘네요.
쏘리, 아이 엠 비지 나우.

Yes, I have time. 네, 시간 있어요.
예스, 아이 해브 타임.

Sorry, today is not the best time for me. 죄송하지만, 오늘은 적절한 날이 아닌 것 같네요.
쏘리, 투데이 이즈 낫 더 베스트 타임 폴 미.

TIP

우리나라도 그렇지만 영어에서도 거절하는 방법이 다양합니다. 단도직입적으로 No라고 말할 수도 있지만 상대방이 당황할 수 있기 때문에 Sorry를 함께 사용하는 것이 더 낫습니다. 원어민들도 거절할 때는 Sorry를 습관적으로 사용합니다.

☑ 커피 마실 시간 있으신가요?
Do you have time for a cup of coffee?
두 유 해브 타임 폴 어 컵 오브 커피?

☑ 그 시간 괜찮으신가요?
Is that time okay for you?
이즈 뎃 타임 오케이 폴 유?

☑ 가능하시겠습니까?
Does that work for you?
더즈 뎃 월크 폴 유?

☑ 내일은 시간이 있습니다.
Tomorrow, I have time.
투머로우, 아이 해브 타임.

단어

a cup of coffee
커피 한잔

work 일하다,
작동하다, (상황이)
맞다

동사 work는 기본적으로 "일하다"라는 뜻입니다. 하지만
기계 등이 작동을 하거나 어떤 제품이 효과가 있거나 혹은
상황이 잘 들어맞을 때도 work를 쓸 수 있습니다. 위의
예문에서는 시간이 잘 들어맞는다는 의미로 쓰였습니다.

A : 혹시 오늘 저녁 식사할 시간 있으신가요?
Do you have time for dinner today by any chance?
두 유 해브 타임 폴 디널 투데이 바이 에니 췐스?

B : 음, 오늘이 무슨 요일이죠?
Well, what day is it today?
웰, 왓 데이 이즈 잇 투데이?

A : 오늘은 월요일입니다.
Today is Monday.
투데이 이즈 먼데이.

B : 죄송합니다. 오늘은 바쁘네요.
Sorry, I am busy today.
쏘리, 아이 엠 비지 투데이.

A : 그럼, 내일 가능하겠습니까?
Then, does tomorrow work for you?
덴, 더즈 투머로우 월크 폴 유?

B : 물론이죠. 내일은 근무가 없습니다.
Of course. Tomorrow is my day off.
옵 콜스. 투머로우 이즈 마이 데이 오프.

단어

by any chance
혹시

day off 근무를 안
하는 날

well은 "잘, 좋게"라는 뜻이 있습니다. 우리나라에서 건강과 행복을 나타내는 단어로 자주 쓰이는 웰빙도 이 단어에서 온 것입니다. 그런데 위의 경우처럼 독립적으로 오면 "음"이라는 취임새로 사용될 수 있습니다. 원어민들과 대화할 때 자주 듣게 되니 알아두시면 좋습니다.

What do you want to talk about?

왓 두 유 원 투 토크 어바웃?

"무엇에 대해 말씀하고 싶으세요?"라는 뜻입니다. 상대방이 나에게 이야기하고 싶은 것이 있다고 할 때 물어볼 수 있는 질문입니다. 일상생활에서 유용하게 쓸 수 있는 표현이니 외워서 사용해보세요.

It's about relationship.   관계에 대한 것입니다.

이츠 어바웃 륄레이션쉽.

I want to talk about employment.   취업에 대해서 이야기하고 싶습니다.

아이 원 투 토크 어바웃 임플로이먼트.

There are two things.   두 가지가 있습니다.

데얼 얼 투 띵스.

TIP 일반적으로 서양 사람들은 우리나라 사람들보다 자신의 의견을 이야기하는 것이 더 자연스럽습니다. 하지만 그렇다고 상대방의 감정을 생각하지 않고 자기 의견만 말하지는 않습니다. 그러므로 영어로 자신의 생각을 표현할 때에도 상대방을 존중해주는 모습을 보여주어야 합니다.

☑ 무엇에 관한 것입니까?
What's it about?
와츠 잇 어바웃?

☑ 말하고 싶은 문제들이 정말 많습니다.
I want to talk about so many issues.
아이 원 투 토크 어바웃 쏘 메니 이슈스.

☑ 질문이 있으십니까?
Do you have any questions?
두 유 해브 에니 퀘스쳔스?

☑ 어서 말해보세요.
I am all ears.
아이 엠 올 이얼스.

Part 05
만남

단어

relationship 관계

employment
취업

issue 이슈, 문제

question 질문

I am all ears라는 말을 직역하면 "나는 모든 귀이다"라고 해석이 됩니다. 하지만 이 문장은 하나의 표현으로써 "당신의 말을 경청하고 있습니다"라는 뜻입니다. 유용한 표현이니 잘 익혀서 사용해보세요.

A : 잠시 시간 있어요? 당신에게 이야기를 좀
해야 돼요.

**Do you have a minute? I need to
talk to you.**

두 유 해브 어 미닛? 아이 니드 투 톡 투 유.

B : 무엇에 대해 말씀하고 싶으세요?

What do you want to talk about?

왓 두 유 원 투 토크 어바웃?

A : 프로젝트에 관한 것입니다.

It's about the project.

이츠 어바웃 더 프로젝트.

B : 네, 무슨 일인데요?

Ok, what about it?

오케이, 왓 어바웃 잇?

A : 제 생각에 프로젝트를 미뤄야 할 것 같아요.
저희는 뒤처져 있어요.

**I think we need to postpone the
project. We are running late.**

아이 띵크 위 니드 투 포스트폰 더 프로젝트. 위
얼 뤄닝 레잇.

B : 생각해볼게요.

Let me think.

렛 미 띵크.

project 프로젝트

postpone 미루다

run late 뒤처지다

run은 영어로 "달리다"라는 뜻입니다. 하지만 run 바로 뒤에 late을
붙이면 "스케줄상 뒤처져 있다"라는 뜻을 갖습니다. 유용한 표현이
니 잘 익혀서 적절한 상황에 사용해보세요.

Who are you going to meet?

후 얼 유 고잉 투 밋?

"누구를 만날 건가요?"라는 뜻입니다. 상대방이 누구를 만난다고 할 때 물어볼 수 있는 질문입니다. 일상생활에서 자주 사용하는 표현이므로 관련 표현을 익혀서 사용해보시기 바랍니다.

I am going to meet my family.
아이 엠 고잉 투 밋 마이 페밀리.

가족들을 만납니다.

I am meeting my old school friends.
아이 엠 미팅 마이 올드 스쿨 프렌즈.

학창 시절 친구들을 만납니다.

I will meet my coworker.
아이 윌 밋 마이 코월컬.

회사 동료를 만납니다.

TIP 영어에서 자신이 미래에 무엇을 할 것이라고 표현하는 방법은 3가지가 있습니다. 첫 번째는 I am going to + 동사이고 두 번째는 I am + 동사ing, 그리고 세 번째는 I will + 동사입니다. 이 세 표현들만 잘 익혀주시면 영어로 미래에 무엇을 할 것인지에 대해 이야기할 수 있을 것입니다.

159

☑ 누구를 만납니까?
Who will you meet?
후 윌 유 밋?

☑ 누구를 만났습니까?
Who did you meet?
후 디쥬 밋?

☑ 누구와 만날 계획입니까?
Who are you planning to meet?
후 얼 유 플레닝 투 밋?

☑ 이번 주는 아무와도 만나지 않았습니다.
I did not meet anyone this week.
아이 디드 낫 밋 에니원 디쓰 위크.

단어

plan 계획,
계획하다

anyone 아무도
(부정문에 사용될
경우)

this week 이번 주

영어로 plan to라고 하면 "~할 계획이 있다"라는 뜻이
됩니다. 미래에 계획하고 있는 일에 대해서 이야기할 때
자주 사용되는 표현이므로 잘 외워서 적절한 상황에서 사
용해보세요.

A : 이번 주 토요일에 누구를 만날 것인가요?

Who are you going to meet this Saturday?

후 얼 유 고잉 투 밋 디쓰 쌔러데이?

B : 저는 제 소꿉친구를 만납니다.

I am going to meet my childhood friend.

아이 엠 고잉 투 밋 마이 촤일드후드 프렌드.

A : 그를 안 지 얼마나 되었어요?

How long have you known him?

하우 롱 해브 유 노운 힘?

B : 20년이요.

Twenty years.

투엔티 이얼스.

A : 와! 그렇게 오래요?

Wow! That long?

와우! 뎃 롱?

B : 네, 그는 저의 가장 친한 친구예요.

Yes, he is my best friend.

예스, 히 이즈 마이 베스트 프렌드.

childhood
어린시절

friend 친구

best friend 가장
친한 친구

영어에서 that은 "그것"이라는 뜻을 갖고 있고 that 뒤에 명사가 오면 "그"라는 지시어가 됩니다. 하지만 that 뒤에 형용사가 오면 "그렇게"라는 뜻이 됩니다. 예) that 그것, that pencil 그 연필, that pretty 그렇게 예쁜

Can I bring my friend?

캔 아이 브링 마이 프렌드?

"제 친구를 데리고 가도 되나요?"라는 뜻입니다. 모임이나 여행을 갈 때 상대방에게 자신 이외에 다른 사람을 동반해도 되는지 물어보는 표현입니다. 외국 친구들과 함께 어울릴 때 자주 사용하는 표현이므로 잘 익혀서 사용해보세요.

That doesn't matter.　　　상관없어요.
뎃 더즌 매럴.

That's fine.　　　문제없어요.
데츠 파인.

No, you can't. I am sorry.　아니요, 데리고 올 수 없어요. 아쉽네요.
노우, 유 캔트. 아이 엠 쏘리.

TIP 영어로 matter은 "문제" 혹은 "사안"이라는 뜻입니다. 하지만 동사로 사용될 때는 "문제가 되다"라고 사용됩니다. 그래서 부정 표현인 doesn't matter은 "문제가 되지 않는다"라는 뜻이 됩니다. 자주 사용하는 표현이니 잘 외워두세요.

☑ 저도 당신과 함께 해도 되나요?

Can I join you?

캔 아이 조인 유?

☑ 그곳에 저의 남자 형제와 같이 가도 되나요?

Can I go there with my brother?

캔 아이 고우 데얼 윗 마이 브라덜?

☑ 당연하죠.

Of course.

옵 콜스.

☑ 아니요, 당신은 혼자 와야 합니다.

No, you have to come alone.

노우, 유 해브 투 컴 얼로운.

단어

bring 데리고 오다

matter 문제,
문제가 되다

fine 괜찮은

alone 혼자

미국이나 많은 서양 나라에서는 모임이나 노는 시간을 가질 때 자신의 친구들을 데리고 오는 경우가 많습니다. 그러므로 외국 친구들과 놀 때는 위의 표현들을 자주 듣습니다.

A : 제 친구를 데리고 가도 되나요?
Can I bring my friend?
캔 아이 브링 마이 프렌드?

B : 상관없어요.
That doesn't matter.
뎃 더즌 매럴.

A : 정말요? 잘됐네요!
Really? That's great!
뤼얼리? 데츠 그뤠잇!

B : 누구를 데리고 올 건데요?
Who are you going to bring?
후 얼 유 고잉 투 브링?

A : 제 친구 존이요. 그는 내과의사예요.
My friend, John. He is a physician.
마이 프렌드, 촨. 히 이즈 어 피지션.

B : 정말요? 정말 멋지네요.
Really? That is so cool.
뤼얼리? 뎃 이즈 쏘 쿨.

physician
내과의사

cool 멋진

미국에서는 의사라는 직업이 아주 존경받는 직업 중에 하나입니다. 사람의 생명을 살리는 직업이기 때문입니다. 그래서 미국에서도 의사라고 하면 호감을 갖는 경향이 있습니다.

How was your trip?
하우 워즈 유얼 츄립?

"여행 어땠어요?"라는 뜻입니다. 여행을 다녀온 상대방에게 인사할 때 자주
사용하는 표현입니다. trip 대신에 다른 단어를 넣으면 다른 일이 어땠는지 물
어보게 됩니다. 용법을 잘 익혀서 상황에 맞게 사용해보세요.

It was great.
잇 워즈 그뤠잇.

좋았습니다.

It was okay.
잇 워즈 오케이.

그저 그랬습니다.

It was not good because of traffic.
잇 워즈 낫 굿 비코즈 오브 츄레픽.

교통체증 때문에 별로였습니다.

TIP

영어 it은 대명사로, 우리나라 말로 해석하면 "그것"이 됩니다. 그래서 it을
사용하면 상대방이 물어본 것을 반복하지 않고 간단하게 말할 수 있습니다.

☑ 최고였습니다.
It was the best.
잇 워즈 더 베스트.

☑ 인터뷰는 어땠습니까?
How was your interview?
하우 워즈 유얼 인터뷰?

☑ 오늘 미팅은 어땠습니까?
How was today's meeting?
하우 워즈 투데이스 미팅?

☑ 파티는 어땠습니까?
How was the party?
하우 워즈 더 파티?

단어

because of ~
때문에

best 최고의

interview 인터뷰

party 파티

우리나라에서도 외래어로 많이 사용되는 best는 영어로 "최고"라는 뜻입니다. best 뒤에는 주로 명사가 오지만 첫 번째 문장처럼 형용사로 사용될 수도 있습니다. best 앞에는 항상 the를 붙여야 합니다.

A : 콘서트 어땠어?

How was the concert?

하우 워즈 더 콘썰트?

B : 좋았습니다. 이제부터 그가 제가 가장 좋아하는 가수입니다.

It was great. From now on, he is my favorite singer.

잇 워즈 그뤠잇. 프럼 나우 온, 히 이즈 마이 페이버릿 씽얼.

A : 저도 그곳에 갔었으면 좋았을 텐데.

I wish I had been there.

아이 위씨 아이 해드 빈 데얼.

B : 맞아요. 콘서트장에서 그의 목소리를 들어보았어야 해요.

Yes, you should have heard his voice at the concert.

예스, 유 슛 해브 헐드 히스 보이스 엣 더 콘썰트.

A : 아 그건 그렇고, 프로젝트는 어땠어요?

Oh anyway, how was your project?

오 에니웨이, 하우 워즈 유얼 프로젝트?

B : 별로였습니다.

It was not good.

잇 워즈 낫 굿.

단어

concert 콘서트

from now on
이제부터

favorite 가장
좋아하는

voice 목소리

should have
+ p.p ~를
했어야 한다 (p.p:
과거분사)

상대방과 이야기를 하다가 화제를 바꿀 때가 있습니다. 그때 사용할 수 있는 표현이 anyway입니다. anyway는 "어쨌든"이라는 뜻을 갖고 있습니다.

★ 041 그곳에 가는 것에 관심이 있습니까?
Are you interested in going there?
얼 유 인터레스티드 인 고잉 데얼?

★ 042 어디에서 만날까요?
Where should we meet?
웨얼 슛 위 밋?

★ 043 어디로 가고 있는 거죠?
Where are we going?
웨얼 얼 위 고잉?

★ 044 지금 어디에 있어요?
Where are you now?
웨얼 얼 유 나우?

★ 045 통금 시간이 있습니까?
Do you have a curfew?
두 유 해브 어 컬퓨?

★ 046 시간이 있나요?
Do you have time?
두 유 해브 타임?

★ 047 무엇에 대해 말씀하고 싶으세요?
What do you want to talk about?
왓 두 유 원 투 토크 어바웃?

★ 048 누구를 만날 건가요?
Who are you going to meet?
후 얼 유 고잉 투 밋?

★ 049 제 친구를 데리고 가도 되나요?
Can I bring my friend?
캔 아이 브링 마이 프렌드?

★ 050 여행 어땠어요?
How was your trip?
하우 워즈 유얼 츄립?

Part 06

일상

What are you doing now?
왓 얼 유 두잉 나우?

"지금 무엇을 하고 있어요?"라는 뜻입니다. 상대방이 무엇을 하고 있는지 궁금할 때 사용하는 표현입니다. 일상생활에서 아주 자주 사용하는 표현이므로 용법을 익혀서 상황에 맞게 사용해보시기 바랍니다.

I am reading a newspaper. 신문을 읽고 있습니다.
아이 엠 뤼딩 어 뉴스 페이펄.

I am studying English now. 지금 영어를 공부하고 있습니다.
아이 엠 스터딩 잉글리쉬 나우.

I am just goofing around at home. 그냥 집에서 뒹굴뒹굴하고 있습니다.
아이 엠 저스트 구핑 어롸운드 엣 홈.

TIP 현재 진행되는 상황에 대해 말할 때는 현재진행형을 사용합니다. 현재진행형은 be동사 + ing 입니다. be동사가 I와 함께 사용되면 am의 형태를 갖기 때문에, 위의 문장들과 같이 자신의 일을 묘사할 때는 I am + ing를 사용하면 됩니다.

☑ 요즘 무엇에 집중하며 지내고 있습니까?
What are you focusing on nowadays?
왓 얼 유 포커씽 온 나우어데이즈?

☑ 저는 영어에 집중하고 있습니다.
I am focusing on English.
아이 엠 포커씽 온 잉글리쉬.

☑ 아무것도 하지 않습니다.
Nothing.
나띵

☑ 쉬고 있습니다.
I am taking a break.
아이 엠 테이킹 어 브레이크.

단어

read 읽다

study 공부하다

goof around
시간을 허비하다

focus on ~에
집중하다

nowadays 요즘에
= these days
최근에

nothing 아무것도

take a break
쉬다

now가 지금을 뜻한다면 nowadays는 요즘을 뜻합니다. now가 더 짧은 시간을 나타냅니다. nowadays의 동의어로는 these days가 있습니다.

A : 무엇을 하고 있어요?

What are you doing now?

왓 얼 유 두잉 나우?

B : 제 방을 청소하고 있습니다.

I am cleaning up my room.

아이 엠 클리닝 업 마이 룸.

A : 정말요? 어떻게 되고 있어요?

Really? How is it going?

뤼얼리? 하우 이즈 잇 고잉?

B : 4시간 정도 걸릴 것 같아요.

It will take about 4 hours.

잇 윌 테익 어바웃 폴 아월스.

A : 도움이 좀 필요하세요?

Do you need any help?

두 유 니드 에니 핼프?

B : 그럼 좋죠.

That would be great.

뎃 웃 비 그뤠잇.

clean up
청소하다

take 시간이
걸리다

How is it going?은 안부 인사로 "요즘 어떻게 지내요?"라고도 사용될 수 있지만 어떤 일이 잘 진행되는지 물어볼 때도 자주 사용하는 표현입니다. 아주 유용한 표현이므로 꼭 외워서 적절한 상황에 사용해보세요.

What is your hobby?
왓 이즈 유얼 하비?

"취미가 무엇인가요?"라는 뜻으로 상대방에게 취미를 물어볼 때 사용하는 표현입니다. 사람들과 친분을 쌓을 때 자주 나오는 주제이므로 용법을 잘 익혀서 적절한 상황에 사용해보시기 바랍니다.

My hobby is reading.
마이 하비 이즈 뤼딩.

독서입니다.

I like traveling.
아이 라이크 츄레블링.

여행을 좋아합니다.

I like to listen to music.
아이 라이크 투 리쓴 투 뮤직.

저는 음악 듣는 것을 좋아합니다.

TIP

취미를 말할 때는 주로 "~하는 것을 좋아한다"고 말합니다. 영어로 "~하는 것"을 말하는 방법은 두 가지가 있는데 "to + 동사" 와 "동사ing" 입니다. 이렇게 동사 앞에 to를 붙여주거나 뒤에 ing를 붙이면 동사가 명사가 되어 동명사가 됩니다.

Part 06 일상

☑ 책을 읽는 것을 즐깁니다.
I enjoy reading books.
아이 인조이 뤼딩 북스.

☑ 저는 취미가 많습니다.
I have many hobbies.
아이 해브 메니 하비스.

☑ 저는 특별한 취미가 없습니다.
I don't have any particular hobby.
아이 돈 해브 에니 팔티큘럴 하비.

☑ 자유 시간에 무엇을 하십니까?
What do you do in your free time?
왓 두 유 두 인 유얼 프리타임?

단어

hobby 취미

reading 읽기, 독서

traveling 여행

listen to music 음악을 듣다

enjoy 즐기다

particular 특별한

free time 자유 시간

동사를 명사로 바꿀 때는 "to+동사" 와 "동사ing" 둘 다 되지만 동사 enjoy 뒤에는 항상 "동사ing"만 와야 합니다. 이렇게 동사에 따라 동명사의 형태가 정해지는 경우도 있습니다.

예) like + to 동사, hate + to 동사, enjoy + 동사ing

A : 취미가 무엇인가요?

What is your hobby?

왓 이즈 유얼 하비?

B : 제 취미는 노래를 부르는 것입니다.

My hobby is singing songs.

마이 하비 이즈 씽잉 쏭스.

A : 멋지네요.

That's so cool.

데츠 쏘 쿨.

B : 자유 시간에 무엇을 하십니까?

What do you do in your free time?

왓 두 유 두 인 유얼 프리타임?

A : 저는 자유 시간에 야구하는 것을 즐깁니다.

I enjoy playing baseball in my free time.

아이 인조이 플레잉 베이쓰볼 인 마이 프리 타임.

B : 좋네요.

That's great.

데츠 그뤠잇.

단어

sing songs
노래를 부르다

play baseball
운동하다

취미 생활은 주로 여가 시간에 합니다. 영어로 여가 시간은 spare time이라고 하고 자유 시간은 free time이라고 합니다.

패턴 053

What are you into nowadays?

왓 얼 유 인투 나우어데이즈?

"요즘 무엇에 빠져있니?"라는 뜻입니다. 앞 장과 비슷하게 상대방이 좋아하는 것을 물어보는 표현 중 하나입니다. 친한 사람과 일상적인 대화를 할 때 자주 사용하는 표현이므로 용법을 익혀서 상황에 맞게 사용해보시기 바랍니다.

I am into computer games. 컴퓨터 게임에 빠져 있습니다.
아이 엠 인투 컴퓨털 게임스.

I am into cooking these days. 요즘 요리에 빠져 있습니다.
아이 엠 인투 쿠킹 디즈 데이즈.

I am so into watching Korean dramas. 한국 드라마를 보는 것에 완전히 빠졌습니다.
아이 엠 쏘 인투 워칭 코뤼언 드라마스.

TIP

into는 원래 "~안으로"라는 뜻을 갖고 있습니다. 하지만 사람이 어떤 것에 into되어 있다는 것은 그것에 흥미가 있다는 것을 의미합니다. 유용한 표현이니 잘 외워서 사용해보세요.

☑ 저는 보드게임에 중독되어 있습니다.
I am addicted to board games.
아이 엠 어딕티드 투 볼드 게임스.

☑ 저는 커피 중독자입니다.
I am a coffee addict.
아이 엠 어 커피 에딕트.

☑ 영어 공부하는 것을 멈출 수가 없습니다.
I can't stop studying English.
아이 캔트 스탑 스터딩 잉글리쉬.

☑ 저는 액션 영화 팬입니다.
I am a fan of action movies.
아이 엠 어 펜 오브 엑션 무비스.

단어

computer game
컴퓨터 게임

cooking 요리

watch (영화, TV
등을) 보다

Korean drama
한국 드라마

addict
중독시키다, 중독자

board game
보드게임

stop 멈추다

fan 팬

action movie
액션 영화

자신의 취미를 말하는 방법은 위와 같이 다양합니다.
addict는 "중독시키다"라는 의미를 갖고 있는데 명사로
쓰이면 "중독자"라는 뜻이 됩니다.

A : 요즘에 무엇에 빠져있습니까?
What are you into nowadays?
왓 얼 유 인투 나우어데이즈?

B : 스페인어를 공부하는 것에 빠져있습니다.
I am into studying Spanish.
아이 엠 인투 스터딩 스페니쉬.

A : 와, 놀랍네요.
Wow, that's amazing.
와우, 데츠 어메이징.

B : 당신은 어때요?
How about you?
하우 어바웃 유?

A : 저는 소설 읽는 것에 중독되어 있습니다.
I am addicted to reading novels.
아이 엠 어딕티드 투 뤼딩 노벌스.

B : 당신이 읽는 것을 좋아하는지 몰랐네요.
I didn't know you like reading.
아이 디든 노우 유 라이크 뤼딩.

Spanish 스페인어

amazing 놀라운

novel 소설

상대방에 대한 새로운 사실을 알게 되었을 때 사용할 수 있는 표현이 I didn't know ~ 입니다. 이 표현은 "당신이 ~하는 줄 몰랐네요"라는 뜻입니다. 일상 회화에서 자주 사용되므로 잘 익혀서 사용해보세요.

Did you get used to your school life?

디쥬 겟 유스 투 유얼 스쿨 라이프?

패턴
054

"당신은 학교 생활에 익숙해졌나요?"라는 뜻입니다. 상대방에게 새로운 환경에 가서 적응을 했는지 물어볼 때 자주 사용되는 표현입니다. 사람들과 친분을 쌓을 때 필요한 대화 주제이므로 잘 익혀서 사용해보세요.

Yes, I am used to it.
예스, 아이 엠 유스 투 잇.

네, 익숙해졌습니다.

I almost got used to it.
아이 올모스트 갓 유스 투 잇.

거의 익숙해졌습니다.

Not yet.
낫 옛.

아직입니다.

TIP
영어에서 use는 원래 "사용하다"라는 의미를 갖고 있습니다. 하지만 d가 붙고 앞에 be동사 혹은 get이 함께 사용되면 "~에 익숙한"이라는 뜻을 갖습니다. be동사가 앞에 오면 이미 익숙해졌다는 것을 의미하고 get이 오면 익숙해졌거나 익숙해지고 있다는 것을 의미합니다.

Part 06 일상

179

☑ 저의 눈은 어두운 곳에 익숙합니다.
My eyes are used to dark places.
마이 아이즈 얼 유스 투 달크 플레이씨스.

☑ 저는 바다에서 수영하는 것에 익숙합니다.
I am used to swimming in the sea.
아이 엠 유스 투 스위밍 인 더 씨.

☑ 저는 그것에 익숙해지고 있습니다.
I am getting used to it.
아이 엠 게링 유스 투 잇.

☑ 저는 이 생활에 적응하고 있습니다.
I am adjusting to this life.
아이 엠 어드저스팅 투 디쓰 라이프.

adjust는 "~를 맞추다", "~에 적응하다"라는 의미를 갖고 있습니다. 무엇을 맞춘다고 사용될 때는 "헬스장에서 무게를 맞춘다" 등과 같이 사용될 수 있고, 무엇에 적응한다는 의미로 사용될 때는 "새로운 환경에 적응한다"라는 의미로 사용됩니다.

not yet 아직
dark 어두운
swim 수영하다
sea 바다
adjust 적응하다

180

A : 당신은 한국 생활에 익숙해졌나요?

Did you get used to Korean life?

디쥬 겟 유스 투 코뤼언 라이프?

B : 아직 한국 문화에 적응하고 있습니다.

I am still adjusting to Korean culture.

아이 엠 스틸 어드저스팅 투 코뤼언 컬쳘.

A : 이해해요. 한국 문화는 미국 문화와 너무 달라요.

I understand. Korean culture is so different from American culture.

아이 언덜스텐드. 코뤼언 컬쳘 이즈 쏘 디프런트 프럼 어메리칸 컬쳘.

B : 맞아요. 당신은 어때요? 영어 공부하는 것에 익숙해졌어요?

Yes. How about you? Did you get used to studying English?

예스. 하우 어바웃 유? 디쥬 겟 유스 투 스터딩 잉글리쉬?

A : 익숙해지고 있습니다.

I am getting used to it.

아이 엠 게링 유스 투 잇.

B : 발음을 들으니 그런 것 같아요.

I can tell that from your pronunciation.

아이 캔 텔 뎃 프럼 유얼 프로넌씨에이션.

단어

Korean culture
한국 문화

different 다른

American
culture 미국 문화

tell 구별하다,
알아차리다

pronunciation
발음

tell은 기본적으로 "말하다"라는 뜻을 갖고 있습니다. 하지만 위의
마지막 문장과 같이 "구별하다"라는 뜻으로도 쓰일 수 있습니다.

What do you do on weekends?

왓 두 유 두 온 위크엔즈?

"주말에는 무엇을 하나요?"라는 뜻입니다. 주말에 무엇을 하는지에 대해 이야기하는 것은 어딜 가나 흔한 일입니다. 관련 표현들을 잘 익혀두시면 실생활에서 유용하게 사용하실 수 있을 것입니다.

I watch TV all day on weekends.
저는 주말에는 하루 종일 티비를 봅니다.
아이 워치 티비 올 데이 온 위크엔즈.

I spend some quality time with my family.
가족과 보람찬 시간을 보냅니다.
아이 스펜드 썸 퀄리티 타임 윗 마이 페밀리.

I go to the library to study.
저는 공부하러 도서관에 갑니다.
아이 고우 투 더 라이브러리 투 스터디.

TIP 영어에서 "시간을 보내다"라는 표현을 할 때는 동사 spend를 사용합니다. spend는 주로 시간 관련 표현과 함께 씁니다. 또한 spend는 돈을 사용한다고 할 때도 사용되는데 그 때는 spend 뒤에 돈과 관련된 단어를 사용하면 됩니다. 예) spend money 돈을 쓰다

☑ 일요일에는 무엇을 합니까?
What do you do on Sundays?
왓 두 유 두 온 썬데이즈?

☑ 여가 활동을 좀 합니다.
I do some leisure activities.
아이 두 썸 리절 엑티비티스.

☑ 여자 친구와 시간을 보냅니다.
I spend time with my girlfriend.
아이 스펜드 타임 윗 마이 걸프렌드.

☑ 매주 다릅니다.
Every weekend is different.
에브리 위크엔드 이즈 디프런트.

Part 06 일상

단어

weekend 주말

all day 하루 종일

spend 보내다,
쓰다

quality time
보람찬 시간

library 도서관

leisure activity
여가 활동

girlfriend
여자친구

영어로 여자 친구를 girlfriend, 남자 친구를 boyfriend
라고 합니다. 이성 친구는 그냥 friend라고 부릅니다. 전
여자 친구, 전 남자 친구를 부를 때는 앞에 ex-를 붙이면
됩니다.

A : 주말에는 무엇을 하나요?

What do you do on weekends?

왓 두 유 두 온 위크엔즈?

B : 그냥 하루 종일 잡니다.

I just sleep all day.

아이 저스트 슬립 올 데이.

A : 주말에 밖에 안 나갑니까?

You don't go out on weekends?

유 돈 고우 아웃 온 위크엔즈?

B : 가끔씩 친구들과 놉니다.

I sometimes hang out with my friends.

아이 썸타임즈 행아웃 윗 마이 프렌즈.

A : 친구들과 무엇을 하고 노나요?

What do you do with your friends?

왓 두 유 두 윗 유얼 프렌즈?

단어

B : 보드게임을 하고 놉니다.

We play board games together.

위 플레이 볼드 게임스 투게덜.

sleep 자다

go out 외출하다

sometimes
가끔씩

hang out
(친구들과) 시간을
보내고 놀다

많은 한국사람들이 "놀다"를 영어로 play라고 알고 있습니다. 하지만 play가 "놀다"라는 뜻이 되기 위해서는 뒤에 무엇을 하고 노는지 설명하는 목적어가 나와야 합니다. 그 이외에 "놀다"라는 의미를 갖고 있는 단어는 hang out인데 hang out with friends라고 하면 일반적으로 "친구들과 놀며 시간을 보낸다"는 뜻입니다.

Do you work out?
두 유 월크 아웃?

"운동합니까?"라는 뜻입니다. 웰빙 시대인 만큼 많은 사람들이 규칙적으로 운동을 하며 건강을 관리하고 있습니다. 특히 서양에서는 운동하는 것이 우리나라보다 더 일반적이어서 운동을 하는 사람들이 많이 있습니다. 관련 표현을 잘 익혀서 사용해보세요.

Yes, I work out every day.   네, 매일 운동하고 있습니다.
예스, 아이 월크 아웃 에브리 데이.

I go to the gym three times a week.   저는 한 주에 헬스장을 세 번 갑니다.
아이 고우 투 더 짐 쓰리 타임즈 어 위크.

I don't like to work out.   저는 운동을 싫어합니다.
아이 돈 라이크 투 월크 아웃.

TIP

우리나라에서 자주 사용하는 헬스장은 health와 장이 합쳐진 단어로 콩글리쉬입니다. 제대로 된 영어 표현은 gym입니다.

☑ 저는 거의 매일 헬스장에 갑니다.
I go to the gym almost every day.
아이 고우 투 더 짐 올모스트 에브리 데이.

☑ 저는 운동을 해야 합니다.
I need to work out.
아이 니드 투 월크 아웃.

☑ 저는 몸 상태가 별로입니다. (운동을 안해서)
I am out of shape.
아이 엠 아웃 오브 쉐입.

☑ 헬스장에서 무엇을 하세요?
What do you do at the gym?
왓 두 유 두 엣 더 짐?

단어

work out
운동하다

gym 헬스장

out of shape
몸매가 나쁜

영어로 out of shape이라고 하면 몸 상태가 별로라는
뜻인데, 질병에 걸려서 안 좋다기보다는 운동을 안 해서
몸매가 별로라는 것을 의미합니다. 유용한 표현이니 익혀
서 사용해보세요.

186

A : 운동합니까?

Do you work out?

두 유 월크 아웃?

B : 저는 거의 매일 헬스장에 갑니다.

I go to the gym almost every day.

아이 고우 투 더 짐 올모스트 에브리 데이.

A : 와! 정말요?

Wow! Really?

와우! 뤼얼리?

B : 네, 저는 한 주에 헬스장을 적어도 여섯 번 갑니다.

Yes, I go to the gym at least six times a week.

예스, 아이 고우 투 더 짐 엣 리스트 씩쓰 타임즈 어 위크.

A : 헬스장에서 무엇을 하세요?

What do you do at the gym?

왓 두 유 두 엣 더 짐?

B : 저는 턱걸이와 윗몸일으키기를 합니다.

I do chin-ups and sit-ups.

아이 두 췬업스 엔 씻업스.

단어

almost 거의

at least 적어도

chin-up 턱걸이

sit-up
윗몸일으키기

영어로 "적어도"는 at least라고 합니다. 이 표현은 전치사 at과 least가 합쳐진 단어인데 least는 "최소"를 의미합니다. at least의 반대는 at most로 "기껏해야"라는 뜻입니다. most는 "가장 많은"이라는 뜻을 갖고 있습니다.

Do you raise pets?
두 유 뤠이즈 페츠?

"애완동물을 기르시나요?"라는 뜻입니다. 사람들과 이야기를 할 때 애완동물은 자주 나오는 주제입니다. 외국 사람들 중에도 애완동물을 기르는 사람이 많기 때문에 관련 표현들을 익혀두시면 유용하게 사용할 수 있을 것입니다.

I got a cat in my house.   저는 집에 고양이가 한 마리 있습니다.
아이 갓 어 캣 인 마이 하우스.

I raise a puppy.   저는 강아지를 한 마리 키웁니다.
아이 뤠이즈 어 퍼피.

I am allergic to pets.   저는 애완동물 알레르기가 있습니다.
아이 엠 얼럴직 투 페츠.

TIP

우리나라에도 개와 강아지를 따로 부르는 것처럼, 영어에서도 일반적인 개를 dog라고 하고 귀엽고 작은 이미지의 강아지는 puppy라고 부릅니다.

☑ 저희 집에는 강아지가 네 마리 있습니다.
There are four puppies in my house.
데얼 얼 폴 퍼피스 인 마이 하우스.

☑ 1달 동안 햄스터를 키우고 있습니다.
I have been raising a hamster for 1 month.
아이 해브 빈 뭬이징 어 햄스털 폴 원 먼스.

☑ 저는 제 강아지를 매일 산책시킵니다.
I walk my puppy every day.
아이 워크 마이 퍼피 에브리 데이.

☑ 저는 애완동물을 별로 안 좋아합니다.
I don't really like pets.
아이 돈 뤼얼리 라이크 페츠.

단어

raise 키우다
pet 애완동물
cat 고양이
allergic to ~에 알레르기가 있는
hamster 햄스터
walk 걷다, 산책시키다

walk는 원래 "걷다"라는 뜻을 갖고 있습니다. 하지만 walk 뒤에 목적어가 오면 "~를 산책시켜준다"라는 의미가 됩니다. 이렇게 영어에는 의미가 한 개 이상인 다의어가 많기 때문에 단어를 외울 때 가능한 한 많은 의미들을 외워두는 것이 좋습니다.

A : 애완동물을 기르시나요?

Do you raise pets?

두 유 뤠이즈 페츠?

B : 네, 저는 개 두 마리를 키웁니다.

Yes, I raise two dogs.

예스, 아이 뤠이즈 투 도그스.

A : 정말요? 개 두 마리를 키우는 건 어떤가요?

Really? What's it like to raise two dogs?

뤼얼리? 와츠 잇 라이크 투 뤠이즈 투 도그스?

B : 책임감이 많이 필요합니다.

It's a lot of responsibility.

이츠 얼랏 오브 뤼스판써빌리티.

A : 무엇을 해야 하는데요?

What do you have to do?

왓 두 유 해브 투 두?

B : 우선, 애완견들을 매일 먹이고 씻겨주어야 합니다.

First, I have to feed them and bathe them every day.

펄스트, 아이 해브 투 피드 뎀 엔 베이드 뎀 에브리 데이.

단어

responsibility
책임

first 첫 번째로,
우선

feed 먹이를
먹이다

bathe 씻기다

영어로 "~하는 건 어떤가요?"라고 물어보고 싶으면 What's it like to + 동사를 쓰면 됩니다. 여기서 like는 "~같은"이라는 뜻인데 직역하면 "~를 하는 것은 어떤 것 같나요?"라는 뜻입니다.

Do you have any concerns?
두 유 해브 에니 컨썬스?

"무슨 문제가 있나요?"라는 뜻입니다. 상대방이 곤란한 일을 겪고 있는 것 같을 때 물어볼 수 있는 질문입니다. 생활을 하다 보면 곤란한 일이 많이 생기는 만큼 자주 사용하는 표현이므로 잘 익혀서 사용해보세요.

I am in trouble now.   저는 지금 곤경에 처해 있습니다.
아이 엠 인 츄러블 나우.

**I don't know
what I should do.**   무엇을 해야 할지 모르겠습니다.
아이 돈 노우 왓 아이 슛 두.

I don't understand this point. 저는 이 점이 이해가 안 됩니다.
아이 돈 언덜스텐드 디쓰 포인트.

TIP 영어로 곤경에 처해 있다고 말을 할 때는 trouble이라는 단어를 사용합니다. 이미 외래어로 많이 사용되고 있는 이 단어는 곤경, 문제라는 뜻을 갖고 있습니다.

Part 06 일상

☑ 별일 없나요?
Is everything ok?
이즈 에브리띵 오케이?

☑ 저한테 맡기세요.
Leave it up to me.
리브 잇 업 투 미.

☑ 도움이 필요하시면 저한테 알려주세요.
Please let me know if you need any help.
플리즈 렛 미 노우 이프 유 니드 에니 핼프.

☑ 관리자에게 이야기하셔야겠네요.
You need to talk to the person in charge.
유 니드 투 톡 투 더 펄쓴 인 찰쥐.

단어

concern 걱정, 염려

point 점, 사항

leave up 맡기다

talk to ~와 이야기 하다

person 사람

person in charge 관리자

영어로 관리자는 person in charge라고 합니다. 여기서 in charge는 원래 "~를 담당하고 있는"이라는 뜻인데 person 뒤에 합쳐지면 "관리자"라는 뜻이 됩니다. 일을 할 때나 일상생활에 자주 나오는 표현이므로 꼭 외워두세요.

A : 이 도시에 사시나요?

Do you live in this city?

두 유 리브 인 디쓰 씨티?

B : 저는 이 도시에 한 달 전에 왔습니다.

I came to this city one month ago.

아이 캐임 투 디쓰 씨티 원 먼스 어고우.

A : 이곳 삶에 익숙해지셨나요?

Did you get used to life here?

디쥬 겟 유스 투 라이프 히얼?

B : 잘 모르겠네요. 아무래도 아닐 거예요.

I don't know. Probably not.

아이 돈 노우. 프라버블리 낫.

A : 무슨 문제가 있나요?

Do you have any concerns?

두 유 해브 에니 컨썬스?

B : 히터가 작동을 안 해요.

The heater does not work.

더 히털 더즈 낫 월크.

단어

ago ~전에

probably
아무래도

heater 히터

probably는 우리나라 말로 직역하면 "아무래도"라는 뜻이 됩니다. 우리나라 말에서 "아무래도"는 별로 확신하지 못하는 상황에서도 자주 쓰이지만 영어에서 probably는 90% 정도로 확신하는 상황 에서 사용됩니다.

193

패턴 059

Do you need any help?

두 유 니드 에니 핼프?

"도움이 필요하세요?"라는 뜻입니다. 상대방이 불편하거나 어려운 점이 있는 것 같을 때 사용할 수 있는 표현입니다. 잘 익혀서 상대방이 걱정스럽고 도와주고 싶을 때 사용해보세요.

Yes, please help me. 네, 좀 도와주세요.

예스, 플리즈 핼프 미.

No, thank you. 아니요. 괜찮습니다. 저 혼자 할 수 있습니다.
I can do it by myself.

노우 땡큐. 아이 캔 두 잇 바이 마이쎌프.

How kind of you! 정말 친절하시군요!

하우 카인드 오브 유!

TIP 상대방의 호의를 거절할 때 사용할 수 있는 표현 중 하나는 No thank you 입니다. 이 표현은 "감사하지만 괜찮습니다"라는 의미를 갖고 있습니다. 그냥 No라고 하는 것보다 이렇게 말하는 것이 훨씬 공손하게 들립니다.

☑ 어떤 문제가 있는지 말씀해주세요.
Tell me what your problem is.
텔 미 왓 유얼 프라블럼 이즈.

☑ 그것에 대해서 저한테 이야기해도 돼요.
You can talk to me about it.
유 캔 톡 투 미 어바웃 잇.

☑ 저한테 물어봐도 돼요.
You can ask me.
유 캔 에스크 미.

☑ 지금 당신과 상담을 해도 되겠습니까?
Can I consult you now?
캔 아이 컨썰트 유 나우?

Part 06 일상

단어

myself 나 스스로
kind 종류, 친절한
problem 문제
consult 상담하다

영어로 "상담하다"를 consult라고 합니다. 우리나라에
서도 상담가를 컨설턴트라고 부르는데 이 단어 역시 영어
consult에서 온 것입니다.

A : 오늘 안 좋아보이세요.

You look not good today.

유 룩 낫 굿 투데이.

B : 지금 곤란한 상황에 있습니다.

I am in trouble now.

아이 엠 인 츄러블 나우.

A : 도움이 필요하세요?

Do you need any help?

두 유 니드 에니 핼프?

B : 이건 제 사업에 관련된 것입니다.

It's about my business.

이츠 어바웃 마이 비즈니스.

A : 그렇군요. 어떤 문제가 있는지 말씀해주세요.

I see. Tell me what your problem is.

아이 씨. 텔 미 왓 유얼 프라블럼 이즈.

B : 아주 중요한 계약을 따내지 못했어요.

We failed to get a very important contract.

위 페일드 투 겟 어 베리 임폴턴트 컨츄렉트.

단어

fail 실패하다

important 중요한

contract 계약

I see를 직역하면 "나는 본다"가 됩니다. 하지만 구어체로 사용될 때는 "그렇군요" 라는 의미가 됩니다. 일상 회화에서 자주 나오는 표현이니 잘 익혀서 사용해보세요.

196

Where is the nearest station from here?

웨얼 이즈 더 니얼이스트 스테이션 프럼 히얼?

패턴
060

"여기서 가장 가까운 역이 어디인가요?"라는 뜻입니다. 외국에 나가면 길을 물어봐야 하는 경우가 많이 있는데 그런 상황에 사용할 수 있는 표현입니다. 관련 표현들을 잘 익혀서 적절한 상황에 사용해보세요.

The nearest station is London Station.

더 니얼이스트 스테이션 이즈 런던 스테이션.

가장 가까운 역은 런던역입니다.

You need to take a bus.

유 니드 투 테익 어 버스.

버스를 타야 합니다.

It's right there.

이츠 롸잇 데얼.

바로 저기에 있습니다.

Part 06 | 응상

TIP

nearest는 near의 최상급입니다. 최상급은 est의 형태를 갖고 형용사를 "가장 ~한"이라는 뜻으로 만들어 줍니다. 예를 들어 "힘든"이라는 뜻의 형용사인 hard를 "가장 힘든"으로 바꾸려면 hardest라고 하면 됩니다. 3음절 이상의 긴 단어는 est를 붙이면 너무 길어지기 때문에 앞에 most를 붙입니다.

☑ 당신의 집에서 가장 가까운 역이 어디인가요?
Where is the nearest station from your house?
웨얼 이즈 더 니얼이스트 스테이션 프럼 유얼 하우스?

☑ 걸어서 10분 거리밖에 안 됩니다.
It's only 10 minutes away on foot.
이츠 온리 텐 미니츠 어웨이 온 풋.

☑ 거기까지 어떻게 가는지 좀 알려주세요.
Could you tell me how I can get there?
쿠쥬 텔 미 하우 아이 캔 겟 데얼?

☑ 택시를 타는 것이 낫습니다.
You'd better take a cab.
유드 베럴 테익 어 캡.

영어로 "~하는 것이 더 낫다"라고 말할 때는 동사 앞에 'd better을 붙여주면 됩니다. 여기서 'd는 had를 축약한 것입니다. 예를 들어 "당신은 오는게 낫습니다"라고 말하고 싶으면 You'd better come이라고 하면 됩니다.

단어

on foot 걸어서

'd better ~하는 게 더 낫다

cab 택시

A : 여기서 가장 가까운 역이 어디인가요?

Where is the nearest station from here?

웨얼 이즈 더 니얼이스트 스테이션 프럼 히얼?

B : 가장 가까운 역은 매디슨역입니다.

The nearest station is Madison Station.

더 니얼이스트 스테이션 이즈 매디슨 스테이션.

A : 거기까지 어떻게 가는지 좀 알려주시겠어요?

Could you tell me how I can get there?

쿠쥬 텔 미 하우 아이 캔 겟 데얼?

B : 택시를 타는 것이 낫습니다. 왜냐하면 여기서 너무 멀기 때문입니다.

You'd better take a cab because it is very far from here.

유드 베럴 테익 어 캡 비코즈 잇 이즈 베리 팔 프럼 히얼.

A : 그럼, 가장 가까운 버스 정류장은 어디인가요?

Then, where is the nearest bus stop?

덴, 웨얼 이즈 더 니얼이스트 버스 스탑?

B : 걸어서 5분 거리밖에 안 됩니다.

It is only 5 minutes away on foot.

잇 이즈 온리 파이브 미니츠 어웨이 온 풋.

단어

Madison 매디슨
(미국 위스콘신
주의 수도)

bus stop 버스
정류장

영어로 부탁을 할 때 자주 사용하는 조동사 중에 can과 could가 있습니다. 부탁을 위해 사용될 때는 이 둘의 차이가 거의 없는데 could가 조금 더 정중한 느낌을 줍니다. 영어에서는 긴 표현이 주로 더 공손한 표현입니다.

★ 051 지금 무엇을 하고 있어요?

What are you doing now?

왓 얼 유 두잉 나우?

★ 052 취미가 무엇인가요?

What is your hobby?

왓 이즈 유얼 하비?

★ 053 요즘 무엇에 빠져있니?

What are you into nowadays?

왓 얼 유 인투 나우어데이즈?

★ 054 당신은 학교 생활에 익숙해졌나요?

Did you get used to your school life?

디쥬 겟 유스 투 유얼 스쿨 라이프?

★ 055 주말에는 무엇을 하나요?

What do you do on weekends?

왓 두 유 두 온 위크엔즈?

★ 056 운동합니까?

Do you work out?

두 유 월크 아웃?

★ 057 애완동물을 기르시나요?

Do you raise pets?

두 유 뤠이즈 페츠?

★ 058 무슨 문제가 있나요?

Do you have any concerns?

두 유 해브 에니 컨썬스?

★ 059 도움이 필요하세요?

Do you need any help?

두 유 니드 에니 핼프?

★ 060 여기서 가장 가까운 역이 어디인가요?

Where is the nearest station from here?

웨얼 이즈 더 니얼이스트 스테이션 프럼 히얼?

Part 07

음식

패턴

061

Can you eat spicy food?
캔 유 잇 스파이씨 풋?

"매운 음식을 먹을 수 있나요?"라는 뜻입니다. 한국 음식은 서양 음식보다 맵기 때문에 서양 친구들에게 한국 음식에 대해 이야기할 때 매운 음식을 먹을 수 있는지 물어보는 경우가 많습니다. 관련 표현들을 잘 익혀서 사용해보세요.

Of course, I can.
옵 콜스, 아이 캔.

당연하죠. 먹을 수 있습니다.

I love spicy food.
아이 러브 스파이씨 풋.

저는 매운 음식을 정말 좋아합니다.

No, I can't eat spicy food.
I like sweet food.
노우, 아이 캔트 잇 스파이씨 풋. 아이 라이크 스윗 풋.

아니요. 저는 매운 음식을 못 먹습니다.
저는 단 음식을 좋아합니다.

TIP

각 나라마다 음식 문화가 다릅니다. 우리나라는 음식 문화가 발달한 나라여서 음식 맛이 아주 다양합니다. 하지만 어떤 나라는 짠맛과 단맛만 있는 곳도 있습니다.

☑ 매운 음식은 배를 아프게 해요.
Spicy food upsets my stomach.
스파이씨 풋 업쎄츠 마이 스토멕.

☑ 매운 음식 없이는 못 살아요.
I can't live without spicy food.
아이 캔트 리브 위드아웃 스파이씨 풋.

☑ 매운 음식은 땀을 흘리게 만들어요.
Spicy food makes me sweat.
스파이씨 풋 메익스 미 스웻.

☑ 저는 매운 음식을 싫어해요.
I hate spicy food.
아이 해잇 스파이씨 풋.

단어

upset 마음을
상하게 하다

stomach 배

without ~없이

sweat 땀나다

upset이라는 단어는 "마음이 상하게 하다"라는 의미로
자주 쓰이지만 뒤에 one's stomach이 붙으면 "배탈이
나게 하다"는 뜻이 됩니다. 유용한 표현이니 알아두세요.

A : 저는 오늘 김치를 먹었습니다.
I ate kimchi today.
아이 에잇 김치 투데이.

B : 정말요? 매운 음식을 먹을 수 있나요?
Really? Can you eat spicy food?
뤼얼리? 캔 유 잇 스파이씨 풋?

A : 물론이죠, 매운 음식 없이는 못 살아요.
Of course, I can't live without spicy food.
옵 콜스, 아이 캔트 리브 위드아웃 스파이씨 풋.

B : 당신의 나라도 매운 음식이 있나요?
Does your country also have spicy food?
더즈 유얼 컨츄리 올쏘 해브 스파이씨 풋?

A : 아닌 것 같아요. 그래서 슬퍼요.
Not really, so I am sad.
낫 뤼얼리. 쏘 아이 엠 쎄드.

B : 다음에는 떡볶이를 먹어보세요.
You should try tteok-bokki next time.
유 슛 츄라이 떡볶이 넥스트 타임.

단어

kimchi 김치
sad 슬픈
try 시도하다,
입어보다, 맛보다
tteok-bokki
떡볶이
next time 다음에

우리나라 단어를 영어로 말할 때는 미국 사람들이 이해하기 쉽도록
영어식 억양으로 말해도 되지만, 원래 우리나라 말이기 때문에 그냥
한국말로 해도 됩니다.

Could you recommend me a good restaurant?

쿠쥬 뤠커맨드 미 어 굿 뤠스토랑?

"좋은 레스토랑 좀 추천해줄 수 있나요?"라는 뜻입니다. 익숙하지 않은 장소에 가서 현지 사람들의 조언이나 추천을 받을 때 사용할 수 있는 표현입니다. 아주 유용한 표현이니 잘 익혀서 사용해보세요.

I know many good restaurants around here.
아이 노우 메니 굿 뤠스토란츠 어롸운드 히얼.

저는 이 주변에 좋은 레스토랑을 많이 알고 있습니다.

I recommend you ABC restaurant.
아이 뤠커맨드 유 에이비씨 뤠스토랑.

저는 ABC 레스토랑을 추천합니다.

There are so many good restaurants in this city.
데얼 얼 쏘 메니 굿 뤠스토란츠 인 디쓰 씨티.

이 도시에는 좋은 레스토랑이 정말 많습니다.

Part 07

미소

TIP
밖에서 음식을 먹는 장소 중 가장 대표적인 장소는 레스토랑과 카페테리아입니다. 영어에서 restaurant은 일반적으로 음식을 먹는 음식점을 말하고 cafeteria는 학생식당을 말합니다.

☑ 그 레스토랑이 어디 있는지 말씀해주실 수 있나요?

Could you tell me where the restaurant is?

쿠쥬 텔 미 웨얼 더 뤠스토랑 이즈?

☑ 언제 저를 그 레스토랑으로 데리고 가 주세요.

Take me to the restaurant sometime.

테익 미 투 더 뤠스토랑 썸타임.

☑ 이 레스토랑이 제가 가장 좋아하는 레스토랑입니다.

This is my favorite restaurant.

디쓰 이즈 마이 페이버릿 뤠스토랑.

☑ 그 레스토랑은 항상 사람들로 가득 차 있습니다.

The restaurant is always full of people.

더 뤠스토랑 이즈 올웨이즈 풀 오브 피플.

단어

recommend
추천하다

restaurant
레스토랑

sometime 언젠가

full of ~로
가득찬

동사 take가 갖는 또 다른 의미는 "데리고 가다"입니다. take 뒤에 사람과 장소가 함께 나오면 "그 사람을 어떤 장소로 데리고 가다"라는 뜻이 됩니다.

A : 같이 점심 먹어요.

Let's eat lunch together.

레츠 잇 런치 투게덜.

B : 네, 좋은 레스토랑 좀 추천해줄 수 있나요?

Okay, could you recommend me a good restaurant?

오케이, 쿠쥬 뤠커맨드 미 어 굿 뤠스토랑?

A : 저는 부산 레스토랑을 추천합니다.

I recommend you Busan restaurant.

아이 뤠커맨드 유 부산 뤠스토랑.

B : 좋아요! 저를 그 레스토랑으로 데리고 가 주세요.

Great! Please take me to the restaurant.

그뤠잇! 플리즈 테익 미 투 더 뤠스토랑.

A : 알겠습니다. 그런데 그 레스토랑은 항상 사람들로 가득 차 있습니다.

Okay, but the restaurant is always full of people.

오케이, 벗 더 뤠스토랑 이즈 올웨이즈 풀 오브 피플.

B : 걱정 마세요. 전 붐비는 걸 좋아해요.

No worries, I like crowdedness.

노우 워리스, 아이 라이크 크라우디드니스.

단어

lunch 점심

worry 걱정

crowdedness
붐빔

영어로 No worries라고 하면 "걱정 마세요" 혹은 "괜찮아요"라는 뜻이 됩니다. 원래 worry가 걱정이라는 뜻이 있는데 no와 함께 쓰여서 이러한 뜻을 갖게 되었습니다. 유용한 표현이니 잘 익혀서 사용해보세요.

패턴 063

What do you want to eat?
왓 두 유 원 투 잇?

"무엇을 먹고 싶으십니까?"라는 뜻입니다. 음식점에 가서 상대방에게 어떤 음식을 원하는지 물을 때 사용할 수 있는 표현입니다. 자주 사용하게 되는 표현이므로 관련 표현을 익혀서 사용해보세요.

I want to eat pasta today.
아이 원 투 잇 파스타 투데이.

오늘은 파스타가 먹고 싶습니다.

**I want to eat
something healthy.**
아이 원 투 잇 썸띵 헬씨.

몸에 좋은 음식을 먹고 싶습니다.

Anything would be fine.
에니띵 웃 비 파인.

어느 것이든 먹고 싶습니다.

TIP 파스타는 이탈리아 음식으로, 밀가루로 만드는 음식입니다. 흔히 우리가 알고 있는 스파게티는 파스타의 한 종류로 면 모습의 파스타라고 할 수 있습니다. 파스타는 면 모습 이외에 꽈배기 모양 등 여러 가지 모양이 있습니다.

☑ 저는 양식을 먹고 싶습니다.
I want to eat western food.
아이 원 투 잇 웨스턴 풋.

☑ 저는 영양가 있는 음식을 먹어야 합니다.
I need to eat nutritional food.
아이 니드 투 잇 뉴츄리셔널 풋.

☑ 저는 건강에 신경을 쓰는 사람입니다.
I am a health-conscious person.
아이 엠 어 헬쓰컨씨어스 펄쓴.

☑ 뭘 먹을지 모르겠습니다.
I don't know what to eat.
아이 돈 노우 왓 투 잇.

단어

pasta 파스타

healthy 건강

western food
양식

nutritional
영양가 있는

health-
conscious 건강에
신경쓰는

영어에서는 "영양가 있는"을 nutritional이라고 합니다.
이 단어는 우리나라에서도 외래어로 자주 사용하고 있습
니다. 뉴츄리션바가 그 예입니다.

Part 07 음식

A : 오늘 저녁에 무엇을 먹고 싶으십니까?

What do you want to eat this evening?

왓 두 유 원 투 잇 디쓰 이브닝?

B : 저는 이탈리아 음식을 먹고 싶습니다.

I want to eat Italian food.

아이 원 투 잇 이탈리안 풋.

A : 특별히 마음속에 생각해둔 것이 있나요?

Anything particular in mind?

에니띵 팔티큘럴 인 마인드?

B : 저는 양파 피자가 먹고 싶어요.

I want to eat an onion pizza.

아이 원 투 잇 언 어니언 피짜.

A : 양파 피자요?

An onion pizza?

언 어니언 피짜?

B : 네, 저는 건강에 신경을 쓰는 사람이에요.

Yes, I am a health-conscious person.

예스, 아이 엠 어 헬쓰컨씨어스 펄쓴.

Italian food
이탈리아 음식

mind 마음

onion 양파

pizza 피자

미국 피자는 우리나라 피자와 맛이 조금 다릅니다. 우리나라는 토핑이 아주 많이 들어가고 단맛, 매운맛 등 여러 가지 맛이 있지만 미국 피자는 주로 짠맛이 대부분입니다. 그래서 콜라를 마시면서 단맛을 보충합니다.

What dish are you best at cooking?

왓 디쉬 얼 유 베스트 엣 쿠킹?

"어떤 음식을 제일 잘하세요?"라는 뜻입니다. 상대방에게 가장 잘 하는 음식을 물어 볼 때 사용하는 표현입니다. 다른 나라 사람들을 만나면 음식과 요리에 대해 이야기를 많이 하게 되므로 잘 외워서 사용해보시기 바랍니다.

I am best at cooking French fries.
아이 엠 베스트 엣 쿠킹 프렌치 프라이스.

제가 가장 잘 하는 요리는 감자튀김입니다.

I am good at cooking kimchi fried rice.
아이 엠 굿 엣 쿠킹 김치 프라이드 롸이스.

저는 김치볶음밥을 잘합니다.

I can't cook.
아이 캔트 쿡.

저는 요리는 못합니다.

Part 07

음식

TIP

우리나라에서는 감자튀김을 포테이토칩이라고 말합니다. 하지만 이것은 콩글리쉬이고 영어권에서는 감자튀김을 주로 French fries라고 말합니다.

☑ 요리 잘하십니까?
Are you good at cooking?
얼 유 굿 엣 쿠킹?

☑ 저는 많은 한국 음식을 할 수 있습니다.
I can cook many Korean dishes.
아이 캔 쿡 메니 코뤼언 디쉬스.

☑ 저는 요리를 잘하지 못합니다.
I am not good at cooking.
아이 엠 낫 굿 엣 쿠킹.

☑ 요리하는 것은 저의 취미입니다.
Cooking is my hobby.
쿠킹 이즈 마이 하비.

단어

best at ~를 가장
잘하는

French fries
감자튀김

good at ~를
잘하는

kimchi fried
rice 김치볶음밥

영어에서는 무엇을 잘한다고 할 때는 be동사 + good/
best at을 사용합니다. 못한다고 말하고 싶을 때는
good/best 대신에 bad를 넣으면 됩니다. 아주 유용한
표현이므로 꼭 외워두세요.

A : 어떤 음식을 제일 잘하세요?

What dish are you best at cooking?

왓 디쉬 얼 유 베스트 엣 쿠킹?

B : 저는 탕수육을 가장 잘 만듭니다.

I am best at cooking sweet and sour pork.

아이 엠 베스트 엣 쿠킹 스윗 엔 싸월 폴크.

A : 정말요? 대단하네요!

Really? That's amazing!

뤼얼리? 데츠 어메이징!

B : 요리하는 것은 저의 취미입니다.

Cooking is my hobby.

쿠킹 이즈 마이 하비.

A : 그렇군요. 당신의 탕수육을 언제 먹어보고 싶네요.

I see. I want to try your sweet and sour pork someday.

아이 씨. 아이 원 투 츄라이 유얼 스윗 엔 싸월 폴크 썸데이.

B : 알겠어요. 곧 초대할게요.

Ok, I will invite you soon.

오케이. 아이 윌 인바잇 유 쑨.

단어

sweet and sour
pork 탕수육

sweet 단

sour 신

pork 돼지고기

someday 언젠가

invite 초대하다

탕수육을 영어로 하면 sweet and sour pork라고 합니다. sweet은 "달다"는 뜻이고 sour은 "시다"는 뜻이며 pork는 "돼지고기"입니다. 탕수육의 맛을 풀어서 말한다고 생각하시면 됩니다.

What's your favorite Korean food?

와츠 유얼 페이버릿 코뤼언 풋?

"가장 좋아하는 한국 음식이 뭐예요?"라는 뜻입니다. 상대방에게 한국 음식 중에서 제일 좋아하는 음식이 무엇인지 물어볼 때 사용하는 표현입니다. 음식에 대한 이야기가 나올 때 자주 나오는 주제이니 관련 표현을 잘 외워서 사용해보세요.

My favorite Korean food is naengmyeon.
마이 페어버릿 코뤼언 풋 이즈 냉면.

제가 가장 좋아하는 한국 음식은 냉면입니다.

That would be bulgogi.
뎃 웃 비 불고기.

불고기라고 해야겠네요.

It's hard to pick one. There are too many.
이츠 할드 투 픽 원. 데얼 얼 투 메니.

너무 많아서 하나를 고르는 것은 어렵네요.

TIP 한국 음식을 외국 사람들에게 쉽게 설명하려면 음식들을 영어로 번역하면 됩니다. 냉면은 icy cold noodle, 불고기는 seasoned grilled beef라고 번역합니다.

☑ 한국 음식을 먹어본 적이 있습니까?
Have you tried Korean food?
해브 유 츄라이드 코뤼언 풋?

☑ 가장 좋아하는 것이 무엇입니까?
Which one is your favorite?
위치 원 이즈 유얼 페이버릿?

☑ 한국 간식 중에서 가장 좋아하는 것이 무엇입니까?
What's your favorite Korean snack?
와츠 유얼 페이버릿 코뤼언 스넥?

☑ 한국 음식은 언제나 맛있습니다.
Korean food is always great.
코뤼언 풋 이즈 올웨이즈 그뤠잇.

Part 07
음식

pick 고르다
snack 간식
delicious 맛있는

"맛있다"라고 말을 할 때는 여러 가지 표현을 쓸 수 있습니다. "훌륭한"이라는 뜻을 가진 great도 가능하고 "좋은"이라는 뜻을 가진 good도 되며, 원래 "맛있는"이라는 뜻을 갖고 있는 delicious도 가능합니다.

A : 가장 좋아하는 한국 음식이 뭐예요?
What's your favorite Korean food?
와츠 유얼 페이버릿 코뤼언 풋?

B : 너무 많아서 하나를 고르는 것은 어렵네요.
It's hard to pick one. There are too many.
이츠 할드 투 픽 원. 데얼 얼 투 메니.

A : 이해해요. 한국 음식은 언제나 맛있죠.
I understand. Korean food is always great.
아이 언덜스텐드. 코뤼언 풋 이즈 올웨이즈 그뤠잇.

B : 꼭 골라야 한다면 삼겹살을 고르겠어요.
If I have to pick one, I would pick samgyeopsal.
이프 아이 해브 투 픽 원, 아이 웃 픽 삼겹살.

A : 삼겹살이 뭐예요?
What's samgyeopsal?
와츠 삼겹살?

B : 구운 돼지 옆구리살이에요. 한국어로 세 겹이 있는 고기라는 뜻이죠.
It's grilled pork belly. It means three layered meat in Korean.
이츠 그릴드 폴크 벨리. 잇 민즈 쓰리 레이얼드 밋 인 코뤼언.

grill (석쇠 위에) 굽다

roast (오븐 등에) 굽다

pork belly 돼지 옆구리살

layered 층이 있는

meat 고기

영어로 "굽다"를 grill이라고 합니다. 햄버거집에 가면 그릴버거를 볼 수 있는데 이 그릴이 영어의 grill에서 온 것입니다. grill은 불에 직접적으로 구울 때 주로 사용하고 주변의 열과 함께 구울 때는 roast를 사용합니다.

How does it taste?

하우 더즈 잇 테이스트?

패턴
066

"맛이 어떤가요?"라는 뜻입니다. 사람들을 만날 때는 주로 식당에서 음식을 먹는 일이 많기 때문에 관련 표현을 익혀두시면 유용하게 쓰실 수 있습니다.

This is incredible.   이거 정말 믿을 수 없을 만큼 맛있네요.

디쓰 이즈 인크레더블.

This is really tasty.   이거 정말 맛있네요.

디쓰 이즈 뤼얼리 테이스티.

This is not good.   별로네요. 좀 싱거워요.
It's not salty enough.

디쓰 이즈 낫 굿. 이츠 낫 썰티 이너프.

TIP

incredible이라는 단어는 원래 "믿을 수 없는"이라는 뜻을 가진 단어입니다. 하지만 음식을 먹을 때 사용되면 "믿을 수 없을 만큼 맛있는"이라는 뜻으로 사용될 수 있습니다.

Part 07

미식

☑ 말로 표현할 수 없을 정도로 맛있네요.
It blew my mind.
잇 블루 마이 마인드.

☑ 맛있어요?
Is it good?
이즈 잇 굿?

☑ 저한테는 안 맞네요.
It's not my thing.
이츠 낫 마이 띵.

☑ 그저 그렇네요.
It's just so so.
이츠 저스트 쏘 쏘.

단어

blow 불다
blow one's
mind 흥분시키다
so so 그저 그런

영어에서 blow는 "불다"라는 뜻이고 과거형은 blew입니다. blow one's mind를 직역하면 "마음을 불다"라는 뜻이 되지만 이 표현은 관형어로서 "흥분시키다"라는 뜻입니다. 그러므로 음식을 먹을 때 사용하면 "흥분할 정도로 맛있다"라고 해석됩니다.

A : 김치 좋아하시나요?
Do you like kimchi?
두 유 라이크 김치?

B : 아니요. 냄새가 이상해요.
No, I don't. It smells weird.
노우 아이 돈트. 잇 스멜즈 위얼드.

A : 몸에 좋고 맛있습니다.
It's really healthy and tasty.
이츠 뤼얼리 헬씨 엔 테이스티.

B : 그럼 한번 먹어보겠습니다.
Then, let me try one.
덴, 렛 미 츄라이 원.

A : 맛이 어떤가요?
How does it taste?
하우 더즈 잇 테이스트?

B : 말로 표현할 수 없을 정도로 맛있네요.
It blew my mind.
잇 블루 마이 마인드.

Part 07

음식

weird 이상한

tasty 맛있는

김치가 한국 고유의 음식이라는 사실은 외국에도 많이 알려져 있습니다. 하지만 김치는 냄새가 강하기 때문에 김치를 먹어보지 않고 접해보지 않은 외국 사람들은 처음에 김치를 좋아하지 않을 수도 있습니다.

Do you like noodles?
두 유 라이크 누들스?

"당신은 면을 좋아하나요?"라는 뜻입니다. 우리나라와 마찬가지로 다른 나라에도 다양한 면 요리가 있습니다. 그렇기 때문에 음식에 대해 이야기할 때 면 요리에 대해 자주 이야기합니다.

I like all kinds of noodles.   저는 모든 종류의 면을 좋아합니다.
아이 라이크 올 카인즈 오브 누들스.

I can't live without noodles. 저는 면 없이는 못 삽니다.
아이 캔트 리브 위드아웃 누들스.

I prefer rice to noodles.   저는 면보다 밥이 좋습니다.
아이 프리펄 롸이스 투 누들스.

TIP

prefer은 "선호하다"라는 뜻입니다. prefer 다음에 오는 단어가 선호 대상이 되고 to 다음에 오는 단어가 비교 대상이 됩니다. (prefer 대상 to 비교 대상)

☑ 저는 면을 자주 먹습니다.
I often eat noodles.
아이 옵뜬 잇 누들스.

☑ 저는 짜파게티를 좋아합니다.
I like Chapagetti.
아이 라이크 짜파게티.

☑ 저는 베트남 쌀국수가 먹고 싶습니다.
I want to eat Vietnamese rice noodles.
아이 원 투 잇 비에쁘나미스 라이스 누들스.

☑ 저는 면보다 밥을 더 자주 먹습니다.
I eat rice more often than noodles.
아이 잇 라이스 모얼 옵뜬 덴 누들스.

Part 07

음식

단어

noodle 면

Chapagetti
짜파게티

Vietnamese
rice noodles
베트남 쌀국수

베트남 쌀국수는 우리나라뿐만 아니라 해외에서도 많이 볼 수 있습니다. 그리고 서양 사람들도 베트남 쌀국수를 즐겨 먹습니다.

A : 당신은 면을 좋아하나요?

Do you like noodles?

두 유 라이크 누들스?

B : 당연하죠. 저는 면 없이는 못 삽니다.

Of course, I can't live without noodles.

옵 콜스, 아이 캔트 리브 위드아웃 누들스.

A : 어떤 종류의 면을 좋아하십니까?

What kind of noodles do you like?

왓 카인드 오브 누들스 두 유 라이크?

B : 저는 우동, 볶음면, 짜파게티 그리고 스파게티를 좋 아합니다.

I like udong, fried noodles, Chapagetti and spaghetti.

아이 라이크 우동, 프라이드 누들스, 짜파게티 엔 스파게티.

A : 정말요? 무엇을 가장 좋아합니까?

Really? What is your favorite?

뤼얼리? 왓 이즈 유얼 페이버릿?

B : 오, 제가 가장 좋아하는 면은 짜파게티입니다.

Oh, my favorite noodle is Chapagetti.

오, 마이 페이버릿 누들 이즈 짜파게티.

단어

udong 우동

fried noodles
볶음면

세계에는 다양한 면 요리가 있습니다. 이 요리들은 각 나라의 고유 의 명칭으로 말하면 되지만 영어로 설명하고 싶을 때는 직역을 하 거나 나라 이름을 앞에 붙여주면 됩니다. 예) Korean noodles, Japanese noodles

Aren't you hungry?
언 츄 헝그리?

"배 안 고프세요?"라는 뜻입니다. 상대방에게 배가 고픈지 물어볼 때 주로
사용하는 표현이며, 밥을 먹을 시간이 되었는데 아직 먹지 못했을 때 상대방에
게 밥을 먹자고 간접적으로 말하는 방법이기도 합니다.

I am so hungry.
아이 엠 쏘 헝그리.

배가 너무 고프네요.

I am starving.
아이 엠 스딸빙.

배가 정말 고프네요.

I am not hungry yet.
아이 엠 낫 헝그리 옛.

저는 아직 배가 고프지 않아요.

Part 07 음식

배가 고프다고 말할 때는 주로 hungry를 사용하지만 starving을 사용할
수도 있습니다. starving은 "굶주린"이라는 형용사인데 배가 아주 고플 때
사용합니다.

☑ 배고파 죽겠어요.
I am dying of hunger.
아이 엠 다잉 오브 헝걸.

☑ 제 배에서 꼬르륵 소리가 나네요.
My stomach is growling.
마이 스토멕 이즈 그라울링.

☑ 아직 배가 불러요.
I am still full.
아이 엠 스틸 풀.

☑ 저는 오늘 점심 건너뛸게요.
I am going to skip lunch today.
아이 엠 고잉 투 스킵 런치 투데이.

단어

hungry 배고픈

starving 굶주린

dying of ~해
죽겠다

hunger 배고픔

stomach 배

growl
꼬르륵거리다

full 배부른

skip 건너뛰다

우리나라 말에 "~해 죽겠다"라는 말이 있습니다. 영어로
이 말을 할 때는 I am dying of ~라고 말을 하면 되고
~ 자리에는 명사를 넣으면 됩니다. hunger은 "배고픔"
이라는 뜻으로 hungry의 명사형입니다.

A : 배 안 고프세요?

Aren't you hungry?

언 츄 헝그리?

B : 아니요, 아직 배가 불러요.

No, I am still full.

노우, 아이 엠 스틸 풀.

A : 정말요? 저는 지금 배고파 죽겠어요.

Really? I am dying of hunger now.

뤼얼리? 아이 엠 다잉 오브 헝걸 나우.

B : 그럼, 뭐 좀 먹어요.

Then, let's eat something.

덴, 레츠 잇 썸띵.

A : 뭐 먹고 싶으세요?

What do you want to eat?

왓 두 유 원 투 잇?

B : 초밥과 메밀국수 어때요?

How about sushi and buckwheat noodles?

하우 어바웃 쑤씨 엔 벅윗 누들스?

단어

sushi 초밥

buckwheat noodles 메밀국수

서양에도 일본의 초밥을 좋아하는 사람들이 많습니다. 초밥은 영어로 sushi라고 하는데 일본어를 영어식 발음으로 그대로 옮겨놓은 것입니다.

패턴 069

Do you eat three meals a day?
두 유 잇 쓰리 밀스 어 데이?

"하루에 세 끼를 먹습니까?"라는 뜻입니다. 상대방과 일상생활에 관해 대화하다 보면 식습관에 대해 물어보는 경우가 생깁니다. 관련 표현을 익혀두시면 유용하게 사용하실 수 있을 것입니다.

Yes, I eat three meals a day.
네, 저는 하루에 세 끼를 먹습니다.

예스, 아이 잇 쓰리 밀스 어 데이.

No, I eat only two meals a day.
아니요, 저는 하루에 두 끼만 먹습니다.

노우, 아이 잇 온리 투 밀스 어 데이.

I am on a diet, so I eat only one meal a day.
저는 지금 다이어트를 하고 있어서 하루에 한 끼만 먹습니다.

아이 엠 온 어 다이어트, 쏘 아이 잇 온리 원 밀 어 데이.

TIP "하루에 몇 번 ~를 한다"라는 표현은 실생활에서 매우 자주 사용되는 표현입니다. 이때 "하루에"를 영어로 a day라고 합니다. a day는 원래 "하루"라는 뜻이지만 이렇게 부사적인 의미로도 쓰일 수 있습니다.

226

☑ 저는 하루에 세 끼를 먹어야 합니다.
I have to eat three meals a day.
아이 해브 투 잇 쓰리 밀스 어 데이.

☑ 저에게 하루에 세 끼를 먹는 것은 어렵습니다.
It's hard for me to eat three meals a day.
이츠 할드 폴 미 투 잇 쓰리 밀스 어 데이.

☑ 저는 요즘 몸무게를 늘리고 있어서 하루에 다섯 끼를 먹습니다.
I am trying to bulk up, so I eat five meals a day.
아이 엠 츄라잉 투 벌크 업, 쏘 아이 잇 파이브 밀스 어 데이.

☑ 매일 달라요.
Everyday is different.
에브리데이 이즈 디프런트.

단어

meal 식사

on a diet
다이어트 중인

bulk up 몸무게를
늘리다

everyday 매일

영어에서 음식을 먹는다고 할 때 주로 food과 meal을 사용합니다. 하지만 이 두 단어는 조금 다른 뉘앙스를 갖고 있습니다. meal은 한 끼 한 끼의 식사를 의미하고 food는 일반적인 음식에 대해 이야기할 때 사용합니다.

A : 하루에 세 끼를 먹습니까?

Do you eat three meals a day?

두 유 잇 쓰리 밀스 어 데이?

B : 당연하죠. 저는 하루에 세 끼를 먹어야 합니다.

Of course, I have to eat three meals a day.

옵 콜스, 아이 해브 투 잇 쓰리 밀스 어 데이.

A : 당신은 어때요?

How about you?

하우 어바웃 유?

B : 저는 몸무게를 늘리고 있어서 하루에 다섯 끼를 먹습니다.

I am trying to bulk up, so I eat five meals a day.

아이 엠 츄라잉 투 벌크 업, 쏘 아이 잇 파이브 밀스 어 데이.

A : 정말이요? 정상이 아닌데요! 도대체 왜요?

Really? That's crazy! How come?

뤼얼리? 데츠 크뤠이지! 하우 컴?

B : 두 달 동안만 할 거예요.

I will do it for only two months.

아이 윌 두 잇 폴 온리 투 먼스.

crazy 미친, 정신이 없는

how come 도대체 왜

영어에서 crazy라고 하면 우리나라 말로 "미친, 정신이 없는"이라는 뜻이 됩니다. 하지만 비정상적인 현상이나 상황을 보았을 때도 이 단어를 사용할 수 있습니다.

Is there any food you don't eat?

이즈 데얼 에니 풋 유 돈 잇?

"안 먹는 음식이 있나요?"라는 뜻입니다. 상대방과 식사를 하려고 할 때 상대방을 배려하기 위해 자주 물어보는 표현입니다. 특히 외국에는 채식주의자들이 많고 문화적으로 특정 음식을 먹지 않는 경우가 많기 때문에 이런 질문은 꼭 외워두는 것이 좋습니다.

I eat all kinds of food.
아이 잇 올 카인즈 오브 풋.

저는 뭐든지 다 먹습니다.

I don't eat meat.
I am a vegetarian.
아이 돈 잇 밋. 아이 엠 어 베지테리언.

저는 고기를 먹지 않습니다. 저는 채식주의자입니다.

I eat everything
except cucumber.
아이 잇 에브리띵 익쎕 큐컴벌.

저는 오이만 빼고 다 먹습니다.

외국에는 채식주의자들이 많이 있습니다. 그런데 이 채식주의자도 여러 종류가 있습니다. 일반적인 채식주의자는 vegetarian(베지테리언)이라고 하고, 유제품과 계란도 안 먹는 채식주의자는 vegan(비건)이라고 하며 생선류만 먹는 채식주의자는 pescatarian(페스카테리언)이라고 합니다.

☑ 저는 편식을 합니다.
I am picky about food.
아이 엠 피끼 어바웃 풋.

☑ 저는 식성이 까다로운 사람입니다.
I am a picky eater.
아이 엠 어 피끼 이럴.

☑ 저는 유제품과 계란도 안 먹는 채식주의자입니다.
I am a vegan.
아이 엠 어 비건.

☑ 저는 돼지고기를 안 먹습니다.
I don't eat pork.
아이 돈 잇 폴크.

영어에서 고기를 의미하는 단어는 동물에 따라 다릅니다.
돼지고기는 pork라고 하고 소고기는 beef라고 하며 양
고기는 lamb라고 하고 닭고기는 chicken이라고 합니
다. 이 이외의 고기들은 대부분 동물 이름을 말하고 meat
을 붙여주면 됩니다.

단어

picky 까다로운

picky eater
편식하는 사람

A : 안 먹는 음식이 있나요?

Is there any food you don't eat?

이즈 데얼 에니 풋 유 돈 잇?

B : 저는 뭐든지 다 먹습니다. 하지만 제 남자 형제는 편식을 합니다.

I eat all kinds of food, but my brother is picky about food.

아이 잇 올 카인즈 오브 풋, 벗 마이 브라덜 이즈 피끼 어바웃 풋.

A : 오! 정말요? 몰랐어요.

Oh! Really? I didn't know that.

오! 뤼얼리? 아이 디든 노우 뎃.

B : 네, 그는 유제품과 계란을 안 먹는 채식주의자이고 당근도 안 먹어요.

Yeah, he is a vegan and doesn't eat carrot.

예, 히 이즈 어 비건 엔 더즌 잇 케롯.

A : 그럼, 뭘 먹어야 하죠?

Then, what should we eat?

덴, 왓 숫 위 잇?

B : 그냥 개인적으로 음식을 시키면 되죠.

We can just order food individually.

위 캔 저스트 올덜 풋 인디비주얼리.

단어

carrot 당근

order 시키다

individually
개인적으로

채식주의자인 친구들과 음식을 먹거나 음식을 해줄 때는 고민이 됩니다. 이럴 때는 원래 고기가 들어가는 요리를 고기를 빼고 요리해서 줄 수도 있고 채식주의자 요리를 공부해서 대접해줄 수도 있습니다. 음식점에 가는 경우라면 고기가 안 들어가는 메뉴가 있는 음식점에 가면 됩니다.

★ 061 매운 음식을 먹을 수 있나요?

Can you eat spicy food?

캔 유 잇 스파이씨 풋?

★ 062 좋은 레스토랑 좀 추천해줄 수 있나요?

Could you recommend me a good restaurant?

쿠쥬 뤠커맨드 미 어 굿 뤠스토랑?

★ 063 무엇을 먹고 싶으십니까?

What do you want to eat?

왓 두 유 원 투 잇?

★ 064 어떤 음식을 제일 잘하세요?

What dish are you best at cooking?

왓 디쉬 얼 유 베스트 엣 쿠킹?

★ 065 가장 좋아하는 한국 음식이 뭐예요?

What's your favorite Korean food?

와츠 유얼 페이버릿 코뤼언 풋?

★ 066 맛이 어떤가요?

How does it taste?

하우 더즈 잇 테이스트?

★ 067 당신은 면을 좋아하나요?

Do you like noodles?

두 유 라이크 누들스?

★ 068 배 안 고프세요?

Aren't you hungry?

언 츄 헝그리?

★ 069 하루에 세 끼를 먹습니까?

Do you eat three meals a day?

두 유 잇 쓰리 밀스 어 데이?

★ 070 안 먹는 음식이 있나요?

Is there any food you don't eat?

이즈 데얼 에니 풋 유 돈 잇?

232

Where should I check in the baggage?

웨얼 슛 아이 체크 인 더 베기지?

"짐은 어디에서 부치면 됩니까?"라는 뜻입니다. 공항에 가면 비행기를 타기 전에 짐을 체크인하는데 그때 사용할 수 있는 표현입니다. 유용한 표현이니 관련 표현을 잘 익혀서 적절한 상황에 맞게 사용해보시기 바랍니다.

Ok, you can check in here.
오케이, 유 캔 체크 인 히얼.

네, 여기에 부치시면 됩니다.

Please use the coin lockers.
플리즈 유즈 더 코인 라컬스.

코인 로커를 이용해주시기 바랍니다.

What do you want to check in?
왓 두 유 원 투 체크 인?

어느 짐을 맡기시겠습니까?

TIP

check in이라는 단어는 우리나라에서도 외래어로 사용되고 있습니다. check in은 크게 두 가지 뜻이 있는데, 위의 경우처럼 짐을 맡길 때 사용되고 "호텔에 입실한다"는 뜻으로도 사용됩니다.

☑ 짐 좀 보관해주실 수 있나요?

Could you keep the baggage for me?

쿠쥬 킵 더 베기지 폴 미?

☑ 짐을 어디에 보관하면 되죠?

Where can I keep the baggage?

웨얼 캔 아이 킵 더 베기지?

☑ 짐을 부치고 싶습니다.

I'd like to check in my baggage.

아이드 라이크 투 체크 인 마이 베기지

☑ 코인 로커가 어디 있는지 말씀해주실 수 있나요?

Could you tell me where the coin lockers are?

쿠쥬 텔 미 웨얼 더 코인 라컬스 얼?

단어

check-in 짐을
부치다, 호텔에
입실하다

baggage 짐

coin locker
코인 로커

keep 보관하다,
유지하다

coin locker는 동전을 넣고 짐을 보관하는 로커로 외
래어로도 사용되는 개념입니다. 우리나라에도 지하철이나
공공장소에 가면 짐을 잠시 보관할 수 있는 코인 로커가
있습니다.

Part 08 부탁/요청

A : 짐을 맡기고 싶으신가요?

Do you want to check in your baggage?

두 유 원 투 체크 인 유얼 베기지?

B : 네, 짐을 체크인하고 싶습니다.

Yes, I'd like to check in my baggage.

예스, 아이드 라이크 투 체크 인 마이 베기지.

A : 바로 저기에서 체크인할 수 있어요.

You can check in right there.

유 캔 체크 인 롸잇 데얼.

A : 제 생각에 당신의 짐은 무게가 초과된 것 같아요.

I think your baggage is overweight.

아이 띵크 유얼 베기지 이즈 오벌웨이트.

B : 어떻게 하면 되죠?

What should I do?

왓 슛 아이 두?

A : 첫 요금에서 추가로 요금이 부과될 것입니다.

You will be charged in addition to the initial fee.

유 윌 비 찰지드 인 에디션 투 디 이니셜 피.

overweight
무게가 초과인

charge 부과하다

in addition to ~
에 추가로

initial fee 첫
요금

공항에 비행기를 예약하면 주로 짐을 체크인하는 비용이 포함되어 있고 초과 중량이 있습니다. 만약에 이 짐의 중량이 초과되면 무게당 추가로 비용을 내야합니다. 무게가 초과한다는 것을 영어로 overweight이라고 하는데 over는 초과를 의미하고 weight은 무게를 의미합니다.

Do you have any coins?
두 유 해브 에니 코인스?

"동전이 있으신가요?"라는 뜻입니다. 요즘은 카드를 많이 사용하지만 가끔씩 동전을 사용해야 하는 경우가 있습니다. 특히 기숙사 세탁기를 사용하거나 가게에서 잔돈을 내야할 때 그렇습니다. 잘 익혀서 적절한 상황에 사용해보시기 바랍니다.

I only have cards.
카드밖에 없어요.

아이 온리 해브 칼즈.

No, I don't have any coins.
아니요, 동전을 가지고 있지 않습니다.

노우, 아이 돈 해브 에니 코인스.

Yes, I have some.
네, 조금 있습니다.

예스, 아이 해브 썸.

TIP

영어에는 돈을 지칭하는 단어들이 많습니다. 우선 지폐는 bill(빌)이라고 하고 동전은 coin(코인)이라고 합니다. 또한 quarter(쿼터)라는 단어가 있는데 이 단어는 1/4이라는 뜻으로 1달러의 1/4, 즉 25센트(cent)를 의미합니다.

Part 08
부탁/요청

☑ 현금이 있습니까?
Do you have any cash?
두 유 해브 에니 케쉬?

☑ 네, 현금으로 15달러 있습니다.
Yes, I have fifteen dollars in cash.
예스, 아이 해브 피프틴 달럴스 인 케쉬.

☑ 이 지폐를 동전으로 환전해주실 수 있나요?
Could you change this bill into coins?
쿠쥬 췌인지 디쓰 빌 인투 코인스?

☑ 저도 동전이 필요합니다.
I also need coins.
아이 올쏘 니드 코인스.

단어

coin 동전

bill 지폐

quarter 쿼터 (25 센트)

cent 센트 (100 센트 = 1달러)

cash 현금

영어로 "환전하다"를 말할 때 change를 사용할 수 있습니다. change는 어떤 것을 다른 것으로 바꾼다고 할 때 가장 일반적으로 쓰이는 단어입니다. 하지만 다른 나라 돈으로 환전하고 싶을 때는 exchange를 사용하는 것이 더 일반적입니다.

A : 동전이 있으신가요?

Do you have any coins?

두 유 해브 에니 코인스?

B : 아니요. 동전을 가지고 있지 않습니다. 저는 카드만 사용합니다.

No, I don't have any coins. I only use cards.

노우, 아이 돈 해브 에니 코인스. 아이 온리 유즈 칼즈.

A : 이런. 세탁기를 사용하기 위해 코인이 필요해요.

Oh no. I need coins to use my laundry machine.

오 노우. 아이 니드 코인스 투 유즈 마이 란쥬리 머신.

B : 저 가게에서 지폐를 동전으로 바꿀 수 있어요.

You can change your bills into coins at the store.

유 캔 췌인지 유얼 빌스 인투 코인스 엣 더 스토얼.

A : 그래도 되나요?

Can I do that?

캔 아이 두 뎃?

B : 네, 하지만 뭘 사는게 좋을 것 같아요.

Yes, but you might want to buy something.

예스, 벗 유 마잇 원 투 바이 썸띵.

단어

laundry machine 세탁기

might want to ~하는 게 좋을 것 같다

미국에서는 세탁기를 공용으로 사용하는 경우가 많고 공용 세탁기를 사용할 때는 25센트짜리 쿼터를 넣어야 하는 경우가 많습니다. 그렇기 때문에 쿼터를 얻기 위해서 가게에서 물건을 살 때 일부러 잔돈을 쿼터로 받기도 합니다.

패턴 073

How can I get there?
하우 캔 아이 겟 데얼?

"거기까지 어떻게 가면 됩니까?"라는 뜻입니다. 상대방에게 길을 물어볼 때 자주 사용하는 표현으로 특정 장소로 이동하려고 할 때 사용합니다. 관련 표현을 잘 익혀서 적절한 상황에 사용해보시기 바랍니다.

Let me take you there.　　　제가 데리고 가 드리겠습니다.

렛 미 테익 유 데얼.

You can get there by cab.　　택시를 타면 그곳에 갈 수 있습니다.

유 캔 겟 데얼 바이 캡.

You have to take a subway.　지하철로 가셔야 돼요.

유 해브 투 테익 어 썹웨이.

TIP

영어에서 by는 아주 많은 뜻을 갖고 있습니다. 수동태에서 "~에 의해서"라는 의미로도 쓰이고 시간상 "~까지"로도 쓰일 수 있으며, 위에서 알 수 있듯이 "~를 타고"라는 뜻도 있습니다.

관련표현

☑ 길을 알려주세요.
Please tell me the directions.
플리즈 텔 미 더 디렉션스.

☑ 우회전을 해야 합니까?
Do I have to turn right?
두 아이 해브 투 턴 롸잇?

☑ 쭉 가세요.
Go straight.
고우 스츄뤠잇.

☑ 코너에서 좌회전하세요.
Turn left at the corner.
턴 레프트 엣 더 코널.

단어

direction 방향,
길

turn right
우회전하다

turn left
좌회전하다

go straight
직진하다

corner 코너

우리나라의 좌회전 우회전이라는 말은 영어로 turn left/
right이라고 말합니다. 차를 타고 가다가 안내를 해주거
나 길을 알려줄 때 자주 사용되는 표현입니다. 유용한 표
현이니 꼭 외워두세요.

Part 08 부탁/요청

A : 여기서 병원까지 어떻게 가면 됩니까?

How can I get to the hospital from here?

하우 캔 아이 겟 투 더 하스피털 프럼 히얼?

B : 제가 길을 알려줄게요.

I will tell you the directions.

아이 윌 텔 유 더 디렉션스.

A : 잘됐네요! 감사합니다!

Great! Thank you so much!

그뤠잇! 땡큐 쏘 머취!

B : 아니에요. 먼저 5분 동안 직진하세요.

My pleasure. First, go straight for five minutes.

마이 플레절. 펄스트, 고우 스츄뤠잇 폴 파이브 미니츠.

A : 그런 다음에는요?

And then?

엔 덴?

B : 우회전하세요.

Turn right.

턴 롸잇.

hospital 병원

pleasure 기쁨

and then 그런 다음

상대방이 감사를 표현할 때 반응하는 방법은 여러 가지가 있습니다. 그중에 하나가 my pleasure인데 이 표현을 직역하면 "나의 기쁨"이 라는 뜻이 됩니다. 즉, "나의 기쁨입니다"라는 뜻입니다.

Could you take me to the building?
쿠쥬 테익 미 투 더 빌딩?

"저를 그 빌딩으로 데리고 가주실 수 있나요?"라는 뜻입니다. 상대방에게 자신을 어떤 장소로 데리고 가주라고 요청할 때 사용하는 표현입니다. 관련 표현을 익혀서 적절한 상황에 사용해보세요.

Ok, please follow me.   네, 저를 따라오세요.
오케이, 플리즈 팔로우 미.

I can take you
to the bus stop.   버스 정류장까지 바래다 드리겠습니다.
아이 캔 테익 유 투 더 버스 스탑.

I am sorry,
I am busy now.   죄송하지만 지금 바쁩니다.
아이 엠 쏘리, 아이 엠 비지 나우.

TIP 영어에서 follow는 "따라가다"라는 의미를 갖고 있습니다. 이 단어는 구체적 의미와 추상적 의미로 나뉘는데, 구체적 의미는 실제로 어떤 것을 따라가는 것이고 추상적 의미는 강의나 다른 사람의 내용을 이해하고 따라간다는 것입니다.

☑ 버스 정류장에서 배웅해주시겠어요?
Could you see me off at the bus stop?
쿠쥬 씨 미 오프 엣 더 버스 스탑?

☑ 공항에서 배웅하겠습니다.
I will see you off at the airport.
아이 윌 씨 유 오프 엣 디 에어포트.

☑ 역까지 마중 와주실 수 있나요?
Could you meet me at the station?
쿠쥬 밋 미 엣 더 스테이션?

☑ 공항까지 바래다주었으면 좋겠는데 아쉽네요.
I wish I could see you off at the airport.
아이 위씨 아이 쿠드 씨 유 오프 엣 디 에어포트.

영어에서 see는 "보다"라는 의미입니다. 하지만 "멀리 떨어진"이라는 의미의 전치사인 off가 붙으면 "배웅한다"는 의미가 됩니다. 이렇게 영어에서는 자주 기본동사가 전치사와 만나서 새로운 의미를 만들어냅니다.

단어

building 건물
see off 배웅하다
wish ~ could ~
했었으면 좋겠다

A : 오늘 떠나시는 거죠?

Are you leaving today?

얼 유 리빙 투데이?

B : 네, 저를 공항으로 데려가 주실 수 있나요?

Yes, could you take me to the airport?

예스, 쿠쥬 테익 미 투 디 에어포트?

A : 아쉽지만 오늘 일이 있습니다. 역까지는 데려가 드릴 수 있습니다.

I am sorry. I work today, but I can take you to the station.

아이 엠 쏘리. 아이 월크 투데이. 벗 아이 캔 테익 유 투 더 스테이션.

B : 오, 그렇군요. 괜찮아요.

Oh, I see. That's okay.

오, 아이 씨. 데츠 오케이.

A : 공항까지 바래다주었으면 좋겠는데 아쉽네요.

I wish I could see you off at the airport.

아이 위씨 아이 쿠드 씨 유 오프 엣 디 에어포트.

B : 다음에는, 당신이 저희 도시로 와보세요.

Next time, you come to my city.

넥스트 타임, 유 컴 투 마이 씨티.

단어

leave 떠나다

next time 다음에

next time을 말하고 다음에 할 것을 말하면 "다음에는 ~하겠습니다"라는 뜻이 됩니다. 예) Next time, you study with me. 다음에는 저와 함께 공부해요.

패턴 075

Could you say that again?
쿠쥬 쎄이 뎃 어겐?

"다시 말씀해주실 수 있나요?"라는 뜻입니다. 상대방에게 방금 말했던 내용을 다시 말해달라고 요청할 때 사용되는 표현입니다. 영어를 배우는 외국인으로서 꼭 외워두어야 하는 표현이니 잘 익혀서 실생활에서 사용해보세요.

Okay.
오케이.

알겠습니다.

I will say that again.
아이 윌 쎄이 뎃 어겐.

한 번 더 말하겠습니다.

Please listen carefully this time.
플리즈 리쓴 케얼플리 디쓰 타임.

이번에는 잘 들어주세요.

TIP

미국이나 영국 드라마를 보면 말을 아주 빠르게 하는 것을 알 수 있습니다. 현지 사람들은 티비에서 말하는 것보다 더 빠르게 말할 때가 많기 때문에 다시 물어봐야 하는 경우가 많습니다. 더 공손하게 물어보고 싶으면 please를 붙이면 됩니다.

☑ 네?
I am sorry?
아이 엠 쏘리?

☑ 뭐라고요?
Pardon?
팔든?

☑ 조금 천천히 말씀해주시겠어요?
Could you speak slowly?
쿠쥬 스픽 슬로울리?

☑ 당신이 잘생겼다고 말했습니다.
I said you are handsome.
아이 쎄드 유 얼 핸썸.

단어

carefully
주의해서

this time
이번에는

pardon 용서하다,
뭐라고요?

slowly 느리게

handsome
잘생긴

위에서 볼 수 있듯이 영어에는 다시 말해달라는 표현이 다양합니다. 특히 I am sorry는 원래 미안하다는 뜻이지만 뒤에 물음표를 붙이면 위의 용법으로도 사용될 수 있습니다.

A : 내일 우리는 수업에 오지 않습니다.

Tomorrow, we are not going to come to class.

투머로우, 위 얼 낫 고잉 투 컴 투 클레스.

B : 네?

I am sorry?

아이 엠 쏘리?

A : 내일 우리가 수업에 오지 않는다고 말했습니다.

I said "Tomorrow, we are not going to come to class."

아이 쎄드 투머로우 위 얼 낫 고잉 투 컴 투 클레스.

B : 죄송합니다. 다시 말씀해주실 수 있나요?

I am sorry. Could you say that again please?

아이 엠 쏘리. 쿠쥬 쎄이 뎃 어겐 플리즈?

A : 내일 우리는 수업에 오지 않습니다.

Tomorrow, we are not going to come to class.

투머로우, 위 얼 낫 고잉 투 컴 투 클레스.

B : 아! 알겠습니다.

Oh! okay.

오! 오케이.

자신이 한 말을 반복할 때는 주로 앞에 I said를 붙여줍니다. I said 는 "나는 말했다"라는 뜻인데, 뒤에 자신이 한 말을 붙여서 "나는 ~ 라고 말했다"라는 의미가 됩니다.

Could you take a picture of us?

쿠쥬 테익 어 픽쳘 오브 어스?

"저희 사진 좀 찍어주시겠어요?"라는 뜻입니다. 여행 장소나 관광지 등에서 사진을 찍어달라고 할 때 사용되는 표현입니다. 외국에 여행을 가면 꼭 한 번은 사용하게 되는 표현이므로 관련 표현을 잘 익혀서 사용해보세요.

Yes, I could.
예스, 아이 쿠드.

네, 찍어줄 수 있습니다.

Nice pose!
나이쓰 포즈!

포즈가 좋네요!

Smile.
스마일.

웃으세요.

Part 08 부탁/요청

TIP

영어에서는 사진을 찍는다고 할 때 take a picture이라고 말합니다. 이 때 누구 사진을 찍는지는 picture 뒤에 of를 붙여서 표현합니다. 자신의 사진은 picture of me가 되고 우리 사진은 picture of us가 됩니다.

☑ 제 사진 한 장만 찍어주시겠습니까?
Could you take a picture of me?
쿠쥬 테익 어 픽쳘 오브 미?

☑ 그냥 여기 버튼을 눌러주세요.
Just press the button here.
저스트 프레쓰 더 버튼 히얼.

☑ 저와 사진 한번 찍어주실 수 있나요?
Can I get a selfie with you?
캔 아이 겟 어 쎌피 윗 유?

☑ 김치.
Cheese.
취즈.

take a picture
사진 찍다

pose 포즈

smile 웃다

press 누르다

button 버튼

selfie 셀카

cheese 치즈,
(사진 찍을 때) 김치

우리나라에서는 자신이 찍는 사진을 셀카라고 합니다. 여기서 셀은 영어 self에서 파생된 것입니다. self가 "스스로"라는 뜻을 갖고 있기 때문입니다. 하지만 셀카는 콩글리쉬이고 올바른 영어 표현은 selfie입니다.

A : 풍경 너무 좋네요!
What a beautiful scenery!
왓 어 뷰리풀 씨너리!

B : 맞아요. 정말 멋지네요!
Yes, this is amazing!
예스, 디쓰 이즈 어메이징!

A : 저희 여기서 찍어야겠어요.
We should take a picture here.
위 슛 테익 어 픽철 히얼.

B : 좋아요!
Of course!
옵 콜스!

A : 저분에게 부탁하자.
Let's ask him for help.
레츠 에스크 힘 폴 핼프.

B : 저희 사진 좀 찍어 주시겠어요?
Could you take a picture of us?
쿠쥬 테익 어 픽철 오브 어스?

단어

scenery 풍경

ask ~ for help
~에게 부탁하다

영어에는 감탄문을 만드는 방법이 두 가지 있습니다. 첫 번째 방법은 how를 쓰는 것인데 how 뒤에 형용사나 부사를 붙여주면 됩니다. (예: How beautiful!) 두 번째 방법은 what을 쓰는 것인데 what을 쓸 때는 뒤에 형용사와 명사를 써줍니다. 형용사 앞에는 a를 써야 합니다. (예: What a beautiful woman!)

Can we switch seats?

캔 위 스위치 씨츠?

"자리를 바꿔도 될까요?"라는 뜻입니다. 기차나 비행기를 타서 누군가와 자리를 바꾸고 싶을 때 사용할 수 있는 표현입니다. 일상생활에서 자주 사용하게 되는 표현이므로 관련 표현을 잘 익혀서 상황에 맞게 사용해보세요.

Okay, we can do that.   네, 바꿔요.

오케이, 위 캔 두 뎃.

Where is your seat?   당신의 자리는 어디인가요?

웨얼 이즈 유얼 씻?

Sorry, I can't.
I am with my family.

죄송해요. 가족들과 함께 있어서 좀 어렵네요.

쏘리, 아이 캔트. 아이 엠 윗 마이 페밀리.

TIP

seat은 영어로 "자리"라는 뜻이 됩니다. 발음이 비슷한 단어로 sit이 있는데 sit은 "앉다"라는 뜻입니다. 두 단어가 헷갈리지 않도록 주의하시기 바랍니다.

☑ 저에게 자리를 양보해주실 수 있나요?
Could you give up your seat to me?
쿠쥬 깁 업 유얼 씻 투 미?

☑ 당신의 자리 번호는 무엇입니까?
What's your seat number?
와츠 유얼 씻 넘벌?

☑ 자리를 바꿉시다.
Let's switch seats.
레츠 스위치 씨츠.

☑ 혼자 앉으십니까?
Are you sitting alone?
얼 유 씨팅 얼로운?

영어로 give는 "주다"라는 뜻입니다. 하지만 뒤에 up이
따라오면 뜻이 바뀌어서 "포기하다"라는 의미가 됩니다.
자주 사용되는 단어이니 잘 외워서 사용해보시기 바랍니
다.

단어

switch 바꾸다

give up 포기하다

seat number
자리 번호

Part 08 부탁/요청

A : 자리를 바꿔도 될까요?

Can we switch seats?

캔 위 스위치 씨츠?

B : 글쎄요. 당신의 자리는 어디인가요?

I don't know. Where is your seat?

아이 돈 노우. 웨얼 이즈 유얼 씻?

A : 바로 저기 있어요.

It's right over there.

이츠 롸잇 오벌 데얼.

B : 자리 번호가 어떻게 되죠?

What's the seat number?

와츠 더 씻 넘벌?

A : G 12입니다.

It's G 12.

이츠 쥐 투엘브.

B : 잘됐네요, 자리를 바꿉시다.

Excellent, let's switch seats.

엑썰런트, 레츠 스위치 씨츠.

단어

I don't know
글쎄요

excellent 훌륭한,
잘된

영어로 "글쎄요"를 I don't know라고 합니다. 이 말은 직역하면 원래 "나는 모릅니다"가 되지만 문맥에 따라 다르게 사용될 수 있습니다. 유용한 표현이니 꼭 기억해두세요.

Do you have any vacancies?

두 유 해브 에니 베이컨씨스?

패턴
078

"빈방 있나요?"라는 뜻입니다. 호텔이나 숙박지에 가서 빈방이 있는지 물어볼 때 사용되는 표현입니다. 특히 여행을 할 때 자주 사용되는 표현이므로 여행하기 전에 관련 표현을 잘 익혀서 필요한 상황에 사용해보시기 바랍니다.

We have no vacancies
at the moment.
위 해브 노우 베이컨씨스 엣 더 모먼트.

지금 빈방이 없습니다.

How many people?
하우 메니 피플?

몇 분이시죠?

One second, please.
원 쎄컨드 플리즈.

잠시만 기다려주세요.

Part 08 부탁/요청

TIP
영어에는 "빈"이라는 뜻을 가진 단어가 많고 뜻이 조금씩 다릅니다. 가장 대표적인 단어가 vacancy와 empty인데, 둘 다 "빈"이라고 해석되지만 vacancy는 아직 다른 사람에 의해서 차지되지 않아 빈 것을 의미하고 empty는 공간 자체에 아무것도 없는 것을 의미합니다.

☑ 오늘 밤에 빈방이 있습니까?
Do you have any room available tonight?
두 유 해브 에니 룸 어베일러블 투나잇?

☑ 예약을 좀 하고 싶습니다.
I'd like to make a reservation.
아이드 라이크 투 메이크 어 뤠졀베이션.

☑ 가격이 어떻게 되죠?
What's the price?
와츠 더 프라이스?

☑ 하룻밤 머물고 싶습니다.
I want to stay one night.
아이 원 투 스테이 원 나잇.

단어

vacancy 빈방

empty 텅 빈

at the moment
지금 현재

available 이용
가능한

reservation 예약

stay 머물다

available을 직역하면 "이용 가능한"이지만 방과 함께
쓰이면 "빈방"이라는 의미가 됩니다. available은 다른
형용사와 다르게 명사 뒤에서 꾸며줄 수 있습니다.

A : 빈방 있나요?

Do you have any vacancies?

두 유 해브 에니 베이컨씨스?

B : 몇 분이시죠?

How many people?

하우 메니 피플?

A : 그냥 저 혼자예요.

Just me.

저스트 미.

B : 네, 저희는 1인실 방이 세 개가 있습니다.

Yes, we have three single rooms available.

예스, 위 해브 쓰리 씽글 룸스 어베일러블.

A : 바다가 보이는 방 있나요?

Do you have an ocean view room?

두 유 해브 언 오션 뷰 룸?

B : 네, 하나 있습니다.

Yes, we have one.

예스, 위 해브 원.

단어

ocean 바다

view 전망

ocean view
room 바다가
보이는 방

호텔에 가면 바다가 보이는 방에 가고 싶을 때가 있습니다. 이렇게 바다가 보이는 방을 ocean view room이라고 합니다. ocean은 바다이고 view는 전망이라는 뜻입니다.

Could you help me please?
쿠쥬 핼프 미 플리즈?

"저를 좀 도와주실 수 있나요?"라는 뜻입니다. 다른 사람에게 도움을 요청할 때 사용되는 표현입니다. 일상생활에서 도움이 필요한 상황이 많이 일어나므로 꼭 외워두어야 하는 표현입니다.

How can I help you?   어떻게 도와드릴까요?
하우 캔 아이 핼프 유?

What can I help you with?   무엇을 도와드릴까요?
왓 캔 아이 핼프 유 윗?

I can't. I am busy now.   그럴 수 없어요. 지금 바빠서요.
아이 캔트. 아이 엠 비지 나우.

영어로 도와준다고 할 때는 여러 표현을 사용할 수 있지만 주로 위의 첫 번째 표현과 두 번째 표현을 사용합니다. 처음에 What을 사용하면 맨 뒤에 with를 붙여준다는 것을 기억해주세요.

☑ 도와주세요.
Please help me.
플리즈 핼프 미.

☑ 좀 도와주실 수 있나요?
Could you give me a hand?
쿠쥬 깁 미 어 핸드?

☑ 제가 도와줄게요.
Let me help you.
렛 미 핼프 유.

☑ 누가 저 좀 도와주실 수 있나요?
Can somebody help me out?
캔 썸바디 핼프 미 아웃?

단어

hand 손, 도움

somebody 어떤 사람

help out 거들다, 돕다

Hand는 원래 손을 의미합니다. 하지만 위의 표현처럼 give a hand라고 하면 손을 준다는 뜻이 아니라 도움을 준다는 뜻이 됩니다. 도움을 요청할 때 자주 사용되는 표현이므로 잘 익혀서 사용해보세요.

A : 여기서 뭐 하세요?

What are you doing here?

왓 얼 유 두잉 히얼?

B : 저는 이 파일들을 쌓고 있어요. 오후 2시까지 끝내야 해요.

I am piling up the files. I have to finish it by 2 p.m.

아이 엠 파일링 업 더 파일스. 아이 해브 투 피니쉬 잇 바이 투 피엠.

A : 와! 정말 많네요.

Wow! That's a lot.

와우! 데츠 얼랏.

B : 저를 좀 도와주실 수 있나요?

Could you help me please?

쿠쥬 핼프 미 플리즈?

A : 당연하죠. 어떻게 도와드릴까요?

Of course. How can I help you?

옵 콜스. 하우 캔 아이 핼프 유?

B : 파일들을 저기로 놓아주세요.

Please put the files over there.

플리즈 풋 더 파일스 오벌 데얼.

단어

pile up 쌓다

file 파일

finish 끝내다, 마치다

put 놓다

영어에서 사물을 어떤 장소에 놓는다고 할 때 사용하는 표현은 put 입니다. put 뒤에 사물을 말하고 위치를 말하면 됩니다. 예) Put the computer next to me. 컴퓨터를 제 옆에 놓아주세요.

Could you tell me more about it?

쿠쥬 텔 미 모얼 어바웃 잇?

패턴 080

"그것에 대해 조금 더 이야기해주실 수 있나요?"라는 뜻입니다. 상대방이 언급한 것에 대한 더 많은 내용을 알고 싶을 때 사용하는 표현입니다. 일상생활에서 자주 사용하게 되는 표현이므로 잘 익혀서 사용해보시기 바랍니다.

Ok, listen carefully.
오케이, 리쓴 케얼플리.
네, 잘 들어보세요.

What do you want to know specifically?
왓 두 유 원 투 노우 스페씨피클리?
구체적으로 무엇을 알고 싶으세요?

What do you want to know more?
왓 두 유 원 투 노우 모얼?
무엇에 대해 더 알고 싶으세요?

Part 08 부탁/요청

TIP
일반적으로 tell me more이라고 말하면 상대방이 방금 언급했던 것에 대해서 더 구체적으로 설명해줍니다. 영어로 "구체적으로"라는 뜻을 가진 단어는 specifically입니다. 처음에는 발음하기 쉽지 않을 수 있지만 연습하면 익숙해질 것입니다.

261

☑ 그것이 무엇인지 설명해주실 수 있나요?
Could you explain what that is?
쿠쥬 익스플레인 왓 뎃 이즈?

☑ 더 얘기해주세요.
Tell me more.
텔 미 모얼.

☑ 더 자세히 설명해주실 수 있나요?
Could you explain in more detail?
쿠쥬 익스플레인 인 모얼 디테일?

☑ 핵심이 뭐예요?
So, what's your main point?
쏘 와츠 유얼 메인 포인트?

단어

specifically
구체적으로

explain 설명하다

in detail 자세하게

main point 핵심

영어에서 "자세하게"라는 의미를 갖고 있는 단어 중에 가장 많이 쓰이는 단어는 in detail입니다. detail은 "세부 사항"이라는 명사로 우리나라에서도 외래어로 쓰이고 있는데 in과 합쳐지면 부사 "자세하게"가 됩니다.

A : 오늘 세미나에 오세요?

Are you coming to the seminar today?

얼 유 커밍 투 더 쎄미날 투데이?

B : 글쎄요, 그것에 대해 좀 더 이야기해주실 수 있나요?

I don't know. Could you tell me more about it?

아이 돈 노우. 쿠쥬 텔 미 모얼 어바웃 잇?

A : 제2외국어 습득에 관한 거예요.

It is about second language acquisition.

잇 이즈 어바웃 쎄컨드 랭귀지 에쿠이지션.

B : 그렇군요. 더 얘기해주세요.

I see. Tell me more.

아이 씨. 텔 미 모얼.

A : 구체적으로 무엇을 알고 싶으세요?

What do you want to know specifically?

왓 두 유 원 투 노우 스페씨피클리?

B : 제2외국어 습득의 어떤 면에 대해서 이야기하는 건가요?

What aspect of second language acquisition will they talk about?

왓 에스펙트 오브 쎄컨드 랭귀지 에쿠이지션 월 데이 토크 어바웃?

단어

seminar 세미나

second language 제2 외국어

acquisition 습득

aspect 측면

영어로 제2외국어를 second language라고 부릅니다. 그러므로 제 3외국어는 third language라고 부르며 모국어인 첫 번째 언어는 first language입니다. 모국어를 뜻하는 단어 중에 또 많이 쓰이는 단어는 mother tongue(마덜텅)입니다.

★ 071 짐은 어디에서 부치면 됩니까?

Where should I check in the baggage?

웨얼 슛 아이 체크 인 더 베기지?

★ 072 동전이 있으신가요?

Do you have any coins?

두 유 해브 에니 코인스?

★ 073 거기까지 어떻게 가면 됩니까?

How can I get there?

하우 캔 아이 겟 데얼?

★ 074 저를 그 빌딩으로 데리고 가주실 수 있나요?

Could you take me to the building?

쿠쥬 테익 미 투 더 빌딩?

★ 075 다시 말씀해주실 수 있나요?

Could you say that again?

쿠쥬 쎄이 뎃 어겐?

★ 076 저희 사진 좀 찍어주시겠어요?

Could you take a picture of us?

쿠쥬 테익 어 픽쳘 오브 어스?

★ 077 자리를 바꿔도 될까요?

Can we switch seats?

캔 위 스위치 씨츠?

★ 078 빈방 있나요?

Do you have any vacancies?

두 유 해브 에니 베이컨씨스?

★ 079 저를 좀 도와주실 수 있나요?

Could you help me please?

쿠쥬 핼프 미 플리즈?

★ 080 그것에 대해 조금 더 이야기해주실 수 있나요?

Could you tell me more about it?

쿠쥬 텔 미 모얼 어바웃 잇?

Part 09

직장

What do you do for a living?
왓 두 유 두 폴 어 리빙?

"무슨 일을 하세요?"라는 뜻입니다. 처음 만난 사람들을 알아갈 때 한 번은 꼭 하게 되는 질문입니다. 유용한 표현이니 용법을 잘 익혀서 사용해보세요.

I am a high school teacher.   저는 고등학교 선생님입니다.
아이 엠 어 하이스쿨 티철.

I am an owner of a restaurant.   저는 식당 주인입니다.
아이 엠 언 오우널 오브 어 뤠스토랑.

I am working at a factory.   저는 공장에서 일하고 있습니다.
아이 엠 월킹 엣 어 펙토리.

TIP 영어로 선생님을 teacher라고 합니다. 하지만 학교에서 선생님을 부를 때는 우리처럼 선생님이라고 부르지 않고 이름을 부르는 것이 더 일반적입니다. 이름보다 더 공손하게 부르려면 Professor Kim과 같이 직위와 성을 함께 불러주면 됩니다.

☑ 직업은 무엇입니까?
What's your job?
와츠 유얼 잡?

☑ 회사를 경영하고 있습니다.
I am running a company.
아이 엠 뤄닝 어 컴퍼니.

☑ 저는 엔지니어입니다.
I am an engineer.
아이 엠 언 엔지니어.

☑ 저는 가정주부입니다.
I am a housewife.
아이 엠 어 하우스와이프.

단어

owner 주인

factory 공장

run 경영하다

company 회사

engineer 기사
(엔지니어)

housewife
가정주부

자신의 직업을 표현할 때는 이름을 말할 때처럼 I am을
말하고 직업을 말하면 됩니다. 자신의 직업을 영어로 말할
수 있도록 외워서 필요한 상황에 사용해보세요.

A : 무슨 일을 하세요?

What do you do for a living?

왓 두 유 두 폴 어 리빙?

B : 저는 직업이 두 개입니다.

I have two jobs.

아이 해브 투 잡스.

A : 정말요? 뭘 하시는데요?

Really? What do you do?

뤼얼리? 왓 두 유 두?

B : 저는 변호사이고 레스토랑을 경영합니다.

I am a lawyer and run a restaurant.

아이 엠 어 로이열 엔 뤈 어 뤠스토랑.

A : 정말 바쁘시겠네요.

You must be very busy.

유 머스트 비 베리 비지.

B : 네, 하지만 제 레스토랑은 문 닫기 직전이에요.

Yes, but my restaurant is about to be closed.

예스, 벗 마이 뤠스토랑 이즈 어바웃 투 비 클로우즈드.

lawyer 변호사

about to ~하기 직전인

268

영어로 "~하기 직전이다"라고 말할 때는 "be동사 about to 동사"를 사용합니다. 예를 들어 "나는 영어를 공부하기 직전이다"라고 말을 하고 싶으면 I am about to study English라고 하면 됩니다.

What are you in charge of?
왓 얼 유 인 찰지 오브?

"담당하고 있는 것이 무엇입니까?"라는 뜻입니다. 직장에서 무슨 역할을 하고 있는지 물어보는 내용입니다. 직장이 아니더라도 프로젝트나 어떤 기관에서 역할을 갖고 있는 사람에게 물어볼 수 있는 질문입니다.

I am in charge of marketing.   저는 마케팅 담당입니다.
아이 엠 인 찰지 오브 말케팅.

I am a researcher there.   저는 거기서 연구원입니다.
아이 엠 어 리썰철 데얼.

I am responsible for sales.   저는 판매를 책임지고 있습니다.
아이 엠 뤼스판써블 폴 쎄일즈.

Part 09 직장

TIP 자신이 어떤 것을 담당하고 있다고 말할 때는 주로 in charge of나 responsible for을 씁니다. 여기서 charge 뒤에는 꼭 of가 오고 responsible 뒤에는 for이 옵니다.

269

☑ 공학은 무척 매력이 있습니다.
Engineering is very attractive.
엔지니어링 이즈 베리 어츄렉티브.

☑ 마케팅은 저에게 딱 맞습니다.
Marketing is perfect for me.
말케팅 이즈 펄펙트 폴 미.

☑ 최근에 직무가 바뀌었습니다.
My duty has been changed recently.
마이 듀티 해즈 빈 췌인지드 뤼쎈틀리.

☑ 여러 가지 직업을 경험해보고 싶습니다.
I want to try various occupations.
아이 원 투 츄라이 베리어스 오큐페이션스.

단어

engineering
공학

attractive
매력적인

perfect 완벽한

various 다양한

occupation 직업

perfect는 "완벽한"이라는 형용사로 우리나라에서도 이미 외래어로 많이 사용되는 단어입니다. 주어 + be동사 + perfect for + 사람 이라고 하면 주어가 그 사람에게 딱 맞다는 뜻이 됩니다.

A : 일을 찾고 계십니까?

Are you looking for a job?

얼 유 루킹 폴 어 좝?

B : 네. 하지만 일 찾기가 쉽지 않네요.

Yes, but it is not easy to find a job.

예스, 벗 잇 이즈 낫 이지 투 파인드 어 좝.

A : 저희 회사의 마케팅직에 지원하셔도 되요.

You can apply for a marketing position in my company.

유 캔 어플라이 폴 어 말케팅 포지션 인 마이 컴퍼니.

B : 그거 좋죠! 당신이 담당하고 있는 것이 무엇인데요?

That would be great! What are you in charge of?

댓 웃 비 그뤠잇! 왓 얼 유 인 찰지 오브?

A : 저는 마케팅 담당인데 일을 그만두고 싶어요.

I am in charge of marketing, but I want to quit my job.

아이 엠 인 찰지 오브 말케팅, 벗 아이 원 투 쿠잇 마이 좝.

B : 그렇군요. 당신의 조언을 받아들이겠습니다.

I see. I will take your advice.

아이 씨. 아이 윌 테익 유얼 어드바이스.

단어

look for
찾아다니다

apply for
지원하다

position 직위

quit 그만두다

advice 조언

동사 take가 advice와 함께 쓰이면 조언을 받아들이겠다는 뜻이 됩니다. take는 기본적으로 "받다", "가져가다"의 의미인데 이렇게 관련 단어와 함께 외우면 뉘앙스를 더 쉽게 익힐 수 있습니다.

패턴 083

What should I call you?

왓 슛 아이 콜 유?

"어떻게 불러드리면 될까요?"라는 뜻입니다. 상대방이 어떻게 불리우기를 선호하는지 직접적으로 물어보는 표현입니다. 학교나 회사에서 사람들을 알아갈 때 자주 사용하는 표현이므로 용법을 잘 익혀서 사용해보시기 바랍니다.

You can call me Eric. 에릭이라고 불러주세요.
유 캔 콜 미 에릭.

I prefer to be called professor Kim. 저는 김 교수라고 불리우는 것을 선호합니다.
아이 프리펄 투 비 콜드 프로페썰 킴.

Just call me Dr. Lee. 그냥 이 박사님이라고 불러주세요.
저스트 콜 미 닥털 리.

TIP

영어권에서는 상대방을 어떻게 부르느냐에 따라 그 사람과의 관계를 알 수 있습니다. 미국은 친근하게 지내고 싶으면 그냥 자신의 이름을 부르라고 말합니다. 하지만 정식적인 관계이거나 직위나 나이 차이가 많이 나면 직함을 불러주라고 하는 경우가 많습니다.

☑ 직함이 무엇이세요?
What's your title?
와츠 유얼 타이틀?

☑ 최고경영자이신지 몰랐어요.
I didn't know you were a CEO.
아이 디든 노우 유 월 어 씨이오.

☑ 직위가 무엇입니까?
What is your position?
왓 이즈 유얼 포지션?

단어

prefer 선호하다

title 직함

CEO 최고경영자

우리나라와 마찬가지로 영어에도 직함이 많이 있습니다. 비즈니스에서 가장 대표적으로 쓰이는 직함은 CEO(최고경영자), CFO(최고재무관리자), director(이사), manager(경영자), president(회장)가 있습니다.

A : 어떻게 불러드리면 될까요?
What should I call you?
왓 슛 아이 콜 유?

B : 그냥 김 박사님이라고 불러주세요.
Just call me Dr. Kim.
저스트 콜 미 닥털 킴.

A : 박사이신지 몰랐어요.
I didn't know you were a doctor.
아이 디든 노우 유 월 어 닥털.

B : 저는 박사예요. 그리고 이 회사의 최고경영자예요.
I am a doctor, and I am a CEO of this company.
아이 엠 어 닥털, 엔 아이 엠 어 씨이오 오브 디쓰 컴퍼니.

A : 놀랍네요.
That's amazing.
데츠 어메이징.

B : 새로운 부위원장이라고 들었어요.
I heard you are a new vice chairman.
아이 헐드 유 얼 어 뉴 바이스 췌얼맨.

vice 부

chairman 위원장

우리나라에도 회장, 반장보다 조금 낮은 직위를 표현하기 위해서 "부"를 붙여서 부회장, 부반장을 표현하는 것처럼 영어에서도 vice를 통해서 "부"의 의미를 표현합니다. 예를 들어서 회장인 president에 vice를 붙여서 vice president를 만들면 부회장이 됩니다.

How often do you go on a business trip?

하우 옵뜬 두 유 고우 온 어 비즈니스 츄립?

"얼마나 자주 출장 가세요?"라는 표현입니다. 직장생활 이야기를 하다보면 자주 나오는 주제입니다. 또한 비즈니스나 업무상의 관계에서 자주 물어보게 되는 질문입니다. 용법을 잘 익혀서 사용해보세요.

Sometimes.
썸타임즈.

가끔씩이요.

Pretty often.
프리티 옵뜬.

꽤 자주 가요.

I rarely go on a business trip.
아이 뤠얼리 고우 온 어 비즈니스 츄립.

저는 좀처럼 출장을 가지 않습니다.

Part 09 직장

TIP

한국에서는 "꽤"라는 부사가 있는데 영어에도 그런 표현이 있습니다. 대표적인 것이 pretty인데 이 단어는 형용사로는 "예쁜"이라는 뜻을 갖고 있지만 이렇게 부사로 쓰일 때는 "꽤"라는 뜻을 갖습니다. 또한 quite도 "꽤"라는 뜻을 갖고 있습니다. 예) He is quite smart. 그는 꽤 똑똑하다.

☑ 저는 거의 매주 출장을 갑니다.
I go on a business trip almost every week.
아이 고우 온 어 비즈니스 츄립 올모스트 에브리 위크.

☑ 한 달에 한 번이요.
Once a month.
원스 어 먼스.

☑ 저는 출장이 너무 많습니다.
I have too many business trips.
아이 해브 투 메니 비즈니스 츄립스.

☑ 저는 내일 미국으로 출장 갑니다.
I go to the U.S. on a business trip tomorrow.
아이 고우 투 더 유에스 온 어 비즈니스 츄립 투머로우.

영어로 "출장을 가다"를 go on a business trip이라고 합니다. 여기서 주의할 점은 go to a business trip이라고 하지 않는다는 것입니다. to는 어디로 간다고 말할 때 쓰는 것이고 가는 목적에 대해 이야기할 때는 on을 사용합니다.

pretty 가끔, 꽤

business trip
출장

276

A : 얼마나 자주 출장 가세요?

How often do you go on a business trip?

하우 옵뜬 두 유 고우 온 어 비즈니스 츄립?

B : 저는 일주일에 두 번 출장 갑니다.

I go on a business trip twice a week.

아이 고우 온 어 비즈니스 츄립 투아이스 어 위크.

A : 주로 어디를 가시나요?

Where do you usually go?

웨얼 두 유 유절리 고우?

B : 중국과 인도에 갑니다.

China and India.

차이나 엔 인디아.

A : 정말요? 저는 중국과 인도 음식을 좋아해요.

Really? I love Chinese and Indian food.

뤼얼리? 아이 러브 차이니스 엔 인디언 풋.

B : 어떤 음식을 더 좋아하세요?

Which food do you like better?

위치 풋 두 유 라이크 베럴?

영어로 "무엇"은 what이라고 합니다. 하지만 위의 경우처럼 정해져 있는 몇 가지 중에서 고르라고 할 때는 which를 주로 사용합니다. 우리말로 which를 해석하면 "어떤"이 됩니다.
예1) What food do you like? 무슨 음식을 좋아하세요?
예2) Which food do you like? 어떤 음식을 좋아하세요?

단어

twice 두 번

usually 주로

China 중국

India 인도

패턴 085

How long is your vacation?

하우 롱 이즈 유얼 베케이션?

"당신은 휴가가 얼마나 길어요?"라는 뜻입니다. 학생들이나 직장인들에게 휴가는 아주 중요하기 때문에 학교나 직장에서 사람들과 어울리다 보면 휴가에 대해서 자주 이야기합니다. 관련 표현을 외워서 상황에 맞게 사용해보세요.

Nine days.
나인 데이즈.

9일입니다.

It's about a month.
이츠 어바웃 어 먼스.

한 달 정도입니다.

**I don't have
a vacation this year.**
아이 돈 해브 어 베케이션 디쓰 이얼.

저는 올해는 휴가가 없습니다.

TIP

vacation은 휴가 혹은 방학이라는 뜻입니다. 특히 학교 방학에서 많이 쓰이지만 직장에 나가지 않고 쉬는 휴가 기간도 의미합니다.

관련표현

☑ 제 방학은 12월 21일에 시작합니다.
My vacation starts on December 21.
마이 베케이션 스탈츠 온 디쎔벌 투엔티펄스트.

☑ 저는 하루 쉽니다.
I am having a day off.
아이 엠 해빙 어 데이 오프.

☑ 휴가를 내고 싶습니다.
I'd like to apply for a leave.
아이드 라이크 투 어플라이 폴 어 리브.

☑ 저는 오늘 병가를 내야겠습니다.
I need to call in sick today.
아이 니드 투 콜 인 씩 투데이.

단어

vacation 방학,
휴가

have a day off
쉬다

leave 휴가

call in sick
병가를 내다

영어로 일을 하지 않고 쉰다는 표현은 아주 다양합니다. 특별한 방학이 아닌데 쉰다고 할 때는 have a day off라고 말을 하고, 휴가를 신청할 때는 apply for a leave라고 하며, 아파서 병가를 낸다고 할 때는 call in sick이라고 합니다.

Part 09 직장

279

A : 당신은 휴가가 얼마나 길어요?

How long is your vacation?

하우 롱 이즈 유얼 베케이션?

B : 17일 정도입니다.

It's about seventeen days.

이츠 어바웃 쎄븐틴 데이즈.

A : 언제 시작하는데요?

When does it start?

웬 더즈 잇 스탈트?

B : 1월 2일에 시작합니다. 당신 휴가는요?

It starts on January 2. How about yours?

잇 스탈츠 온 제뉴어리 쎄컨드. 하우 어바웃 유얼스?

A : 저는 휴가가 없습니다. 병가를 너무 많이 썼습니다.

I don't have a vacation. I called in sick too many times.

아이 돈 해브 어 베케이션. 아이 콜드 인 씩 투 메니 타임즈.

B : 참 안됐네요.

I am sorry to hear that.

아이 엠 쏘리 투 히얼 뎃.

seventeen 17

time 시간, 번

안타까운 이야기를 들었을 때 I am sorry to hear that이라고 하면 우리나라 말로 "참 안됐네요"라는 뜻이 됩니다. 유용한 표현이니 잘 익혀서 사용해보세요. (짧게 I am sorry라고 할 수도 있습니다.)

How is your work going?

하우 이즈 유얼 월크 고잉?

"일은 잘 되어가시나요?"라는 뜻입니다. 아는 지인이 직장을 다니고 있거나 사업을 하고 있을 경우 물어볼 수 있는 표현입니다. 관련 표현들을 익혀서 상황에 맞게 사용해보세요.

Not bad.
낫 베드.

괜찮습니다.

It's going really well.
이츠 고잉 뤼얼리 웰.

아주 잘 되고 있습니다.

It's going bad because of the economic crisis.
이츠 고잉 베드 비코즈 오브 디 이코노믹 크라이씨스.

최근 경제 위기로 좋지 않습니다.

TIP

영어에서 go의 기본 의미는 "가다"이지만 "일이 진행되다"라는 뜻도 있습니다. 일생생활에서 자주 쓰이는 표현이니 용법을 잘 익혀서 사용해보세요.

☑ 일 어때요?
How is your work?
하우 이즈 유얼 월크?

☑ 순조롭게 진행되고 있습니다.
It's going smoothly.
이츠 고잉 스무들리.

☑ 만족스러워요.
Nothing to complain.
나띵 투 컴플레인.

☑ 지금까지는 좋아요.
So far, so good.
쏘 팔, 쏘 굿.

단어

economic 경제의

crisis 위기

smoothly
순조롭게

complain
불평하다

so far 지금까지

영어에서 "순조롭게"라는 뜻을 가진 단어는 smoothly입니다. 이 단어의 형용사 형태는 smooth인데 "매끄러운, 잔잔한, 고루고루 잘 섞인" 등의 뜻을 갖고 있습니다. 우리가 음료수로 먹는 스무디(smoothie)도 이 단어에서 나온 것입니다.

A : 일은 잘 되어가시나요?
How is your work going?
하우 이즈 유얼 월크 고잉?

B : 경제 호황으로 아주 좋습니다.
It's going really well thanks to the economic boom.
이츠 고잉 뤼얼리 웰 땡스 투 디 이코노믹 붐.

A : 반가운 말이네요.
I am glad to hear that.
아이 엠 글레드 투 히얼 뎃.

B : 일 어때요?
How is your work?
하우 이즈 유얼 월크?

A : 적응 잘하고 있는 것 같아요.
I think I am adjusting well.
아이 띵크 아이 엠 어드저스팅 웰.

B : 그거 잘됐네요!
That's great!
데츠 그뤠잇!

단어

boom 호황

adjust 적응하다

영어로 "~때문에"라고 할 때는 because of를 많이 사용합니다. 비슷한 단어로 thanks to가 있는데 "~덕분에"라는 뜻으로 긍정적인 결과를 가져오는 이유에 대해서 말할 때 사용합니다.

How many people work at your company?

하우 메니 피플 월크 엣 유얼 컴퍼니?

"얼마나 많은 사람들이 당신의 회사에서 일하나요?"라는 뜻입니다. 사람들과 직장에 대해서 이야기할 때 자주 나오는 질문입니다. 관련 표현들을 잘 익혀서 상황에 맞게 사용해보세요.

Four people. They are my family members.

폴 피플. 데이 얼 마이 페밀리 멤벌스.

네 명입니다. 그들은 모두 저의 가족들입니다.

About twenty people work at our company.

어바웃 투엔티 피플 월크 엣 아월 컴퍼니.

약 20명이 우리 회사에서 일하고 있습니다.

Our company is growing fast. We have 1,000 workers.

아월 컴퍼니 이즈 그로잉 페스트. 위 해브 원 따우전 월컬스.

저희 회사는 빠르게 성장하고 있어서 1,000명의 직원이 있습니다.

TIP

영어로 "자라다"를 grow라고 합니다. grow는 우리가 정신적으로나 신체적으로 자라는 것을 의미하지만 기업이나 단체가 커지는 것도 의미합니다.

☑ 직장에서 몇 명과 친합니까?

How many people are you close with in your company?

하우 메니 피플 얼 유 클로우스 윗 인 유얼 컴퍼니?

☑ 당신의 부서에는 몇 명이 일을 하고 있습니까?

How many people are working in your department?

하우 메니 피플 얼 월킹 인 유얼 디팔트먼트?

☑ 당신 회사의 직원 수는 어떻게 됩니까?

What's the number of workers in your company?

와츠 더 넘벌 오브 월컬스 인 유얼 컴퍼니?

☑ 당신의 회사는 얼마나 자주 직원을 고용합니까?

How often does your company recruit new employees?

하우 옵뜬 더즈 유얼 컴퍼니 리크루트 뉴 임플로이즈?

단어

department 부서

the number of
~의 수

recruit 고용하다

employee 직원

영어로 "고용하다"를 recruit라고 합니다. 이 단어는 우리나라에서도 리크루트라는 외래어로 많이 쓰이고 있습니다. recruit의 동의어로는 hire이 있습니다. hire 역시 "고용하다"라는 뜻입니다.

A : 얼마나 많은 사람들이 당신의 회사에서 일하나요?

How many people work at your company?

하우 메니 피플 월크 엣 유얼 컴퍼니?

B : 만 명 이상의 사람들이 우리 회사에서 일하고 있습니다.

More than ten thousand people work at our company.

모얼 덴 텐 따우전 피플 월크 엣 아월 컴퍼니.

A : 정말이요? 아주 많네요.

Really? That's a lot.

뤼얼리? 데츠 얼랏.

B : 저희 회사는 빠르게 성장하고 있어서 더 많은 직원을 고용할 겁니다.

Our company is growing fast. We will hire more employees.

아월 컴퍼니 이즈 그로잉 페스트. 위 윌 하이얼 모얼 임플로이즈.

A : 회사에서 당신의 직위가 무엇인가요?

What is your position in your company?

왓 이즈 유얼 포지션 인 유얼 컴퍼니?

B : 저는 수석 분석가입니다.

I am a chief analyst.

아이 엠 어 취프 에널리스트.

chief 주된, 최고위의

analyst 분석가

영어에서 직원을 뜻하는 단어는 크게 두 가지가 있습니다. 첫 번째 단어는 worker인데 work(일하다)에서 파생된 단어입니다. 두 번째 단어는 employee인데 employ(고용하다)에서 파생된 단어로 "고용된 사람"이라는 뜻입니다.

Where is your company?

웨얼 이즈 유얼 컴퍼니?

"직장이 어디인가요?"라는 뜻입니다. 친분이 있는 사람에게 직장에 대해
물어볼 때 자주 물어보게 되는 질문입니다. 아는 사람과 친분을 쌓는데 유용한
표현이므로 관련 표현을 익혀서 상황에 맞게 잘 사용해보세요.

It's fifteen minutes away from here.   여기서부터 15분 떨어진 곳에 있습니다.

이츠 피프틴 미니츠 어웨이 프럼 히얼.

It's in another city.   다른 도시에 있습니다.

이츠 인 어나덜 씨티.

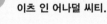

It's close to the station.   역 근처에 있습니다.

이츠 클로우스 투 더 스테이션.

Part 09 직장

TIP

close는 "가까운"이라는 형용사인데 크게 두 가지로 해석될 수 있습니다.
먼저 거리가 가까운 것을 의미할 수도 있고 관계가 가까운 것을 의미할 수
도 있습니다. 용법은 close 뒤에 "to + 대상"을 쓰면 됩니다. with도 쓸 수
있지만 with는 주로 관계에 대해 이야기할 때만 쓰입니다.

☑ ABC은행 바로 건너편 건물 안에 있습니다.
It's in the building right across ABC Bank.
이츠 인 더 빌딩 롸잇 어크로쓰 에이비씨 뱅크.

☑ 도심 가운데 있습니다.
It's at the center of the downtown.
이츠 엣 더 쎈털 오브 더 다운타운.

☑ 당신 집 옆에 있는 수리점입니다.
It's the repair shop next to your house.
이츠 더 뤼페얼 샵 넥스투 유얼 하우스.

☑ 저는 집에서 일합니다.
I work at home.
아이 월크 엣 홈.

단어

center 중앙

downtown 도심

repair shop
수리점

영어에서는 대부분의 명사 앞에 관사를 써야 합니다. 관사는 a와 the가 있는데 a는 불특정한 사물 하나를 가리킬 때 쓰이고 the는 특정한 사물을 가리킬 때 쓰입니다.

A : 직장이 어디인가요?

Where is your company?

웨얼 이즈 유얼 컴퍼니?

B : 저는 집에서 일합니다.

I work at home.

아이 월크 엣 홈.

A : 정말요? 너무 좋네요.

Really? That is so cool.

뤼얼리? 뎃 이즈 쏘 쿨.

B : 그럼 당신의 직장이 어디예요?

Where is your company then?

웨얼 이즈 유얼 컴퍼니 덴?

A : 시티 병원 뒤에 있는 높고 하얀 빌딩이에요.

It's the tall white building behind the City Hospital.

이츠 더 톨 화이트 빌딩 비하인 더 씨티 하스피털.

B : 어! 제 고모도 그 건물에서 일하는 것 같아요.

Oh! I think my aunt also works at that building.

오! 아이 띵크 마이 엔트 올쏘 월크스 엣 뎃 빌딩.

단어

white 하얀

behind ~뒤

aunt 고모, 이모, 아줌마

영어에서 예상을 할 때 자주 쓰는 표현이 I think 입니다. I think는 "~라고 생각합니다"라는 뜻인데, 문장 앞에 붙이면 예측을 표현하게 됩니다. 유용한 표현이니 잘 익혀서 사용해보세요.

패턴 089

What are the working hours in your company?

왓 얼 더 월킹 아월스 인 유얼 컴퍼니?

"직장에서 근무시간이 언제인가요?"라는 뜻입니다. 상대방과 약속을 잡을 때 그 사람의 스케줄에 대해 물어봐야 하기 때문에 근무시간에 대해 물어보게 되는 경우가 많이 있습니다. 관련 표현을 잘 익혀서 사용해보세요.

I work from 9 a.m. to 5 p.m.
아이 월크 프럼 나인 에이엠 투 파이브 피엠.

오전 9시부터 오후 5시까지 일합니다.

It's from 10 a.m. to 4 p.m.
이츠 프럼 텐 에이엠 투 폴 피엠.

오전 10시부터 오후 4시예요.

I am a freelancer, so I don't have particular working hours.
아이 엠 어 프리랜썰, 쏘 아이 돈 해브 팔티큘럴 월킹 아월스.

저는 프리랜서라서 특정한 근무시간이 없습니다.

TIP 특정 단체에 속해있지 않고 자신의 능력과 기술을 통해서 독립적으로 일하는 사람을 freelancer라고 합니다. 한국에서도 이미 외래어로 많이 사용되고 있는 단어입니다. 비슷한 의미의 형용사로는 self-employed(스스로 고용된)가 있습니다.

☑ 하루에 얼마나 일하시나요?
How long do your work a day?
하우 롱 두 유 월크 어 데이?

☑ 저는 하루에 3시간만 일합니다.
I work only 3 hours a day.
아이 월크 온리 쓰리 아월스 어 데이.

☑ 한 주에 몇 시간 일하시나요?
How many hours do you work a week?
하우 메니 아월스 두 유 월크 어 위크?

☑ 저는 한 주에 40시간 일합니다.
I work forty hours a week.
아이 월크 폴티 아월스 어 위크.

단어

working hours
근무시간

freelancer
프리랜서

forty 사십

근무시간을 이야기할 때는 한 주 혹은 하루 단위로 이야기를 많이 합니다. 이때 유용한 표현이 a day와 a week입니다. 만약에 한 달 혹은 일 년 단위로 표현하고 싶으면 a month나 a year를 쓰면 됩니다. 유용한 표현이니 잘 익혀두세요.

Part 09 직장

A : 직장에서 근무시간이 언제인가요?

What are the working hours in your company?

왓 얼 더 월킹 아월스 인 유얼 컴퍼니?

B : 저는 교대 근무를 합니다. 저는 간호사입니다.

I do shift work. I am a nurse.

아이 두 쉬프트 월크. 아이 엠 어 널스.

A : 주간 근무입니까 아니면 야간 근무입니까?

Do you do day shift or night shift?

두 유 두 데이 쉬프트 올 나잇 쉬프트?

B : 저는 야간 근무입니다.

I do night shift.

아이 두 나잇 쉬프트.

A : 그럼, 지금 피곤하시겠네요. 아침 10시인데.

Then, you must be tired now. It's 10 a.m. in the morning.

덴, 유 머스트 비 타이얼드 나우. 이츠 텐 에이엠 인 더 몰닝.

B : 네, 많이 졸려요.

Yes, I am very sleepy.

예스, 아이 엠 베리 슬리피.

단어

shift work 교대 근무

day shift 주간 근무

night shift 야간 근무

tired 피곤한

sleepy 졸린

영어로 교대 근무를 한다고 말할 때는 do shift work라고 표현합니다. 주간 근무는 day shift라고 하고 야간 근무는 night shift라고 합니다. 어려운 표현 같지만 익혀두면 간단하니 잘 외워서 사용해보세요.

Are you close with your coworkers?

얼 유 클로우스 윗 유얼 코월컬스?

"직장 동료들과 친합니까?"라는 뜻입니다. 직장을 다니는 사람에게 직장 일에 대해서 물어볼 때 가장 흔히 하는 질문 중 하나입니다. 다양한 관련 표현 을 익혀서 상황에 맞게 사용해보세요.

Yes, I am close with most of my coworkers.

예스, 아이 엠 클로우스 윗 모스트 오브 마이 코월컬스.

네, 저는 대부분의 동료들과 가깝 습니다.

I get along with them well.

아이 겟 얼롱 윗 뎀 웰.

저는 그들과 잘 지냅니다.

I can't stand one of my coworkers.

아이 캔트 스텐드 원 오브 마이 코월컬스.

동료 중 한 명이 마음에 안 들어요.

TIP

영어로 질색이라는 말을 할 때 can't stand라는 표현을 쓸 수 있습니다. 여 기서 stand는 "참다"라는 뜻인데 can't가 "할 수 없다"라는 뜻이기 때문 에 결국 "~를 참을 수 없다"라는 뜻이 됩니다. (stand는 "서다" 라는 뜻도 있습니다.)

Part 09 직장

☑ 부서에서 마음이 맞는 사람을 찾았나요?
Have you found any like-minded person in your department?
해브 유 파운드 에니 라이크-마인디드 펄쓴 인 유얼 디팔트먼트?

☑ 그들과 친해지는 것이 어렵네요.
It's hard to get close with them.
이츠 할드 투 겟 클로우스 윗 뎀.

☑ 마음이 맞는 사람들과 일을 하면 잘됩니다.
I work well when I work with like-minded people.
아이 월크 웰 웬 아이 월크 윗 라이크-마인디드 피플.

☑ 저는 그들을 거의 모릅니다.
I barely know them.
아이 베얼리 노우 뎀.

단어

get along with
~와 잘 지내다

stand 참다

like-minded
마음이 맞는

barely 간신히 ~
하는

like-minded는 "마음이 맞는"이라는 뜻의 형용사입니다. 여기서 like는 "좋아하다"라는 뜻이 아닌 "~와 비슷한"의 뜻을 갖고 있고 mind는 "마음"이라는 뜻을 갖고 있습니다. 이 둘이 합쳐져서 "마음이 맞는"이라는 뜻이 된 것입니다.

A : 괜찮으세요? 슬퍼 보여요.

Are you ok? You look sad.

얼 유 오케이? 유 룩 쎄드.

B : 직장에서 스트레스를 많이 받았어요.

I am so stressed out from work.

아이 엠 쏘 스츄레스뜨 아웃 프럼 월크.

A : 왜 그런지 여쭤봐도 될까요?

Can I ask you why?

캔 아이 에스크 유 와이?

B : 직장 동료 두 명이 저희 부서를 떠났어요.

Two of my coworkers left my department.

투 오브 마이 코월컬스 레프트 마이 디팔트먼트.

A : 그렇군요. 직장 동료들과 친한가요?

I see. Are you close with your coworkers?

아이 씨. 얼 유 클로우스 윗 유얼 코월컬스?

B : 네, 저는 모든 동료들과 친합니다.

Yes, I am close with all my coworkers.

예스, 아이 엠 클로우스 윗 올 마이 코월컬스.

단어

stressed out
스트레스를 받은

left 떠났다
'leave'의 과거

영어로 "왜요?"라고 물어볼 때 가장 간단하게 표현하려면 그냥 why 라고 하면 됩니다. 하지만 더 공손하게 표현하고 싶으면 앞에 Can I ask you를 붙이면 됩니다. 직역을 하면 why?는 "왜요?/왜 그런 가요?"가 되고 Can I ask you why?는 "왜 그런지 여쭤봐도 될까요?"가 됩니다.

Part 09 직장

★ 081 무슨 일을 하세요?
What do you do for living?
왓 두 유 두 폴 리빙?

★ 082 담당하고 있는 것이 무엇입니까?
What are you in charge of?
왓 얼 유 인 찰지 오브?

★ 083 어떻게 불러드리면 될까요?
What should I call you?
왓 슛 아이 콜 유?

★ 084 얼마나 자주 출장 가세요?
How often do you go on a business trip?
하우 옵쁜 두 유 고우 온 어 비즈니스 츄립?

★ 085 당신은 휴가가 얼마나 길어요?
How long is your vacation?
하우 롱 이즈 유얼 베케이션?

★ 086 일은 잘 되어가시나요?
How is your work going?
하우 이즈 유얼 월크 고잉?

★ 087 얼마나 많은 사람들이 당신의 회사에서 일하나요?
How many people work at your company?
하우 메니 피플 월크 엣 유얼 컴퍼니?

★ 088 직장이 어디인가요?
Where is your company?
웨얼 이즈 유얼 컴퍼니?

★ 089 직장에서 근무시간이 언제인가요?
What are the working hours in your company?
왓 얼 더 월킹 아월스 인 유얼 컴퍼니?

★ 090 직장 동료들과 친합니까?
Are you close with your coworkers?
얼 유 클로우스 윗 유얼 코월컬스?

Part 10

학습

패턴 091

Any questions?

에니 퀘스쳔스?

"질문이 있습니까?"라는 뜻입니다. 어떠한 주제에 대해 이야기한 후 상대방에게 질문이 있는지 물어볼 때 사용하는 표현입니다. 일상생활에서 자주 사용하는 표현이니 용법을 잘 익혀서 사용해보세요.

 No, everything is clear.　　아니요. 다 명확해요.
노우, 에브리띵 이즈 클리얼.

 I have a question.　　질문 있습니다.
아이 해브 어 퀘스쳔.

 Sorry, could you explain again?　　죄송하지만 다시 한 번 설명해주실 수 있나요?
쏘리, 쿠쥬 익스플레인 어겐?

  TIP 질문이 있는지 물어보는 상황들은 많지만 가장 흔한 상황은 학교 교실입니다. 선생님들은 강의 후에 질문이 있는지 물어보시고, 학생들은 발표가 있으면 발표 후에 질문이 있는지 물어봅니다. 이 때 사용할 수 있는 가장 흔한 표현이 Any questions입니다.

☑ 다른 질문은 없습니까?
Any other questions?
에니 아덜 퀘스쳔스?

☑ 그 이론에 대해 질문을 해도 되겠습니까?
Can I ask you something about the theory?
캔 아이 에스크 유 썸띵 어바웃 더 띠오리?

☑ 모두 잘 따라오고 계십니까?
Is everyone happy?
이즈 에브리원 해피?

☑ 그 방정식이 이해가 안 됩니다.
I don't understand that equation.
아이 돈 언덜스텐드 넷 이쿠에이젼.

영어에서 happy는 "행복한/만족스러운"이라는 뜻입니다. 하지만 이 표현을 교실에서 강의 후에 사용하면 "모두 잘 따라오고 있습니까?"라고 의역될 수 있습니다. 잘 이해하고 따라오면 기분이 좋고 그렇지 못하면 만족스럽지 못하기 때문입니다.

단어

theory 이론

happy 행복한, 만족스러운

equation 방정식

Part 10 학습

A : 오늘은 여기까지입니다. 질문이 있습니까?
That's all for today. Any questions?
데츠 올 폴 투데이. 에니 퀘스쳔스?

B : 질문 있습니다.
I have a question.
아이 해브 어 퀘스쳔.

A : 네. 말씀해보세요 (계속하세요).
Ok. Go ahead.
오케이. 고우 어해드.

B : 지구가 왜 공전하는지 이해가 안 됩니다.
I don't understand why the earth rotates.
아이 돈 언덜스텐드 와이 디 얼스 로테이츠.

A : 좋은 질문이에요.
That's a good question.
데츠 어 굿 퀘스쳔.

B : 지구가 왜 둥근지도 알고 싶습니다.
I also want to know why the earth is round.
아이 올쏘 원 투 노우 와이 디 얼스 이즈 롸운드.

단어

ahead 앞으로, 앞선

earth 지구

rotate 공전하다

round 둥근

go ahead를 직역하면 "앞서가다"라는 뜻이 됩니다. 하지만 이 표현은 "하던 것을 계속하세요"라는 뜻이 있습니다. 다양한 상황에서 사용할 수 있으니 잘 익혀서 사용해보세요.

What's your major?
와츠 유얼 메이절?

"전공이 무엇인가요?"라는 뜻입니다. 대학교에 다니거나 이미 대학교를 졸업한 사람에게 전공을 물어볼 때 사용하는 표현입니다. 대학생들은 새로운 사람을 만나면 항상 물어보는 질문이고 학교가 아니더라도 친분을 쌓을 때 유용하게 사용할 수 있으니 잘 익혀서 사용해보세요.

My major is English.
마이 메이절 이즈 잉글리쉬.

제 전공은 영어입니다.

I am in the English department, and I study English literature.
아이 엠 인 디 잉글리쉬 디팔트먼트, 엔 아이 스터디 잉글리쉬 리터리철.

저는 영어과에 있고 영문학을 공부합니다.

I study Greek in the university.
아이 스터디 그릭 인 더 유니벌시티.

저는 대학에서 그리스어를 공부합니다.

TIP

영어에서 major는 "주된, 주요한"이라는 뜻입니다. 하지만 학교에서 사용될 때는 전공이라는 뜻이 됩니다. 반의어는 minor로 부전공이라는 뜻입니다. minor는 "사소한"이라는 뜻도 가지고 있습니다.

Part 10 학습

☑ 어느 학과이십니까?
What's your department?
와츠 유얼 디팔트먼트?

☑ 대학에서 무엇을 전공하고 있나요?
What do you study in your university?
왓 두 유 스터디 인 유얼 유니벌시티?

☑ 부전공은 무엇입니까?
What's your minor?
와츠 유얼 마이널?

☑ 제 부전공은 사회학입니다.
My minor is sociology.
마이 마이널 이즈 쏘셜러지.

단어

major 전공

literature 문학

Greek 그리스어

minor 부전공

sociology 사회학

학문에 대한 영어 단어들은 −ology로 끝나는 경우가 많습니다. 이 접미어는 그리스어에서 온 것으로 학문이라는 뜻입니다.
예) ecology(이컬러지) 생태학, phychology(싸이컬러지) 심리학, physiology(피지얼러지) 생태학

A : 전공이 무엇인가요?

What's your major?

와츠 유얼 메이절?

B : 제 전공은 생물학입니다.

My major is biology.

마이 메이절 이즈 바이얼로지.

A : 와! 정말 멋지네요.

Wow! That is really cool.

와우! 뎃 이즈 뤼얼리 쿨.

B : 무엇을 전공하고 있나요?

What do you study in your university?

왓 두 유 스터디 인 유얼 유니벌시티?

A : 저는 대학에서 경제학을 공부합니다.

I study economics in the university.

아이 스터디 이코노믹스 인 더 유니벌시티.

B : 정말요? 저는 석사로 경제학을 하고 싶어요.

Really? I want to pursue my master's degree in economics.

뤼얼리? 아이 원 투 펄쑤 마이 마스털스 디그리 인 이코노믹스.

단어

biology 생물학

economics
경제학

pursue 추구하다

master's degree
석사

영어로 석사를 master's degree라고 합니다. 여기서 degree는 학위라는 뜻입니다. 학사 학위는 bachelor's degree(베츌럴스 디그리)라고 하고 박사 학위는 doctor's degree(닥털스 디그리)라고 합니다.

Part 10 학습

Do you live on campus?
두 유 리브 온 캠퍼스?

"당신은 캠퍼스에서 사십니까?"라는 뜻입니다. 우리나라와 마찬가지로 미국에는 캠퍼스 기숙사에서 사는 학생들과 캠퍼스 밖에서 사는 학생들로 나뉩니다. 학교 친구들이나 대학교에 다니는 학생들과 만날 때 자주 나오는 주제이니 잘 익혀서 사용해보세요.

Yes, I live on campus.
예스, 아이 리브 온 캠퍼스.

네, 캠퍼스 안에 살고 있습니다.

No, I live off campus.
노우, 아이 리브 오프 캠퍼스.

아니요, 캠퍼스 밖에서 살고 있습니다.

I am living in my uncle's house.
아이 엠 리빙 인 마이 엉클쓰 하우스.

저는 제 삼촌 집에 살고 있습니다.

TIP

위에서 볼 수 있듯이 off와 on은 반대의 의미로 쓰일 때가 많습니다. (예: on campus: 캠퍼스 내에서 ↔ off campus: 캠퍼스 밖에서) 다른 예로 turn on과 turn off가 있는데 turn on은 "켜다"라는 뜻이고 turn off는 "끄다"라는 뜻입니다.

☑ 저는 아파트에 살고 있습니다.
I am living in an apartment.
아이 엠 리빙 인 언 아팔트먼트.

☑ 저는 제 룸메이트와 함께 살고 있습니다.
I am living with my roommate.
아이 엠 리빙 윗 마이 룸메이트.

☑ 저는 부엌을 룸메이트와 같이 씁니다.
I share a kitchen with my roommate.
아이 쉐얼 어 키친 윗 마이 룸메이트.

☑ 임대료가 얼마인가요?
How much is the rent?
하우 머취 이즈 더 렌트?

uncle 삼촌

roommate
룸메이트

share 나누다,
함께 쓰다

kitchen 부엌

rent 집세, 임대료

영어에서 share은 "나누다"라는 뜻입니다. 이 단어는 "음식을 나누다"라는 뜻으로도 쓰이지만 "어떤 물건을 함께 사용하다"라는 뜻으로도 쓰입니다. 유용한 표현이니 잘 외워서 사용해보세요.

Part 10 학습

A : 당신은 캠퍼스에서 사십니까?

Do you live on campus?

두 유 리브 온 캠퍼스?

B : 아니요, 캠퍼스 밖에서 살고 있습니다. 룸메이트와 함께 삽니다.

No, I live off campus. I live with my roommate.

노우, 아이 리브 오프 캠퍼스. 아이 리브 윗 마이 룸메이트.

A : 임대료가 얼마인가요?

How much is the rent?

하우 머취 이즈 더 렌트?

B : 800달러입니다. 각각 반씩 내고 있습니다.

It's 800 dollars. Each of us pays half of the rent.

이츠 에잇 헌쥬레드 달럴스. 이취 오브 어스 페이스 해프 오브 더 렌트.

A : 정말 싸군요!

That is so cheap!

덷 이즈 쏘 칩!

B : 네, 하지만 저희는 거실을 같이 씁니다.

Yes, but we share a living room.

예스, 벗 위 쉐얼 어 리빙룸.

단어

each 각각

living room 거실

영어에서 each는 각각이라는 뜻을 갖고 있습니다. 그래서 each of us라고 하면 "우리 각각은"이라는 뜻이 됩니다. 유용한 표현이니 잘 익혀서 사용해보세요.

When is the deadline?
웬 이즈 더 데드라인?

"마감일이 언제입니까?"라는 뜻입니다. 학교나 회사에서 과제나 업무가 있을 때 언제까지 제출해야 하냐고 묻는 표현입니다. 일상생활에서 자주 사용하게 되므로 잘 익혀서 상황에 맞게 사용해보시기 바랍니다.

Tomorrow, before class.
투머로우, 비폴 클레스.

내일 수업 전까지예요.

It's due this weekend.
이츠 듀 디쓰 위크엔드.

이번 주말까지입니다.

October the fifteenth.
악토벌 더 피프틴스.

10월 15일이에요.

TIP

영어에서 마감일을 deadline이라고 합니다. 여기서 dead는 "죽은"이라는 형용사이고 line은 "줄, 라인"이라는 명사입니다. 직역을 하면 죽음의 라인이 되고 마감일이라고 해석됩니다. 비슷한 단어로 due가 있는데 due는 형용사로 "~까지"라는 뜻입니다.

Part 10 학습

☑ 숙제가 언제까지죠?
When is the homework due?
웬 이즈 더 홈월크 듀?

☑ 리포트 마감일이 언제인가요?
When is the due date for the report?
웬 이즈 더 듀데잇 폴 더 뤼폴트?

☑ 오늘까지 제출해야 합니다.
You have to submit it by today.
유 해브 투 써브밋 잇 바이 투데이.

☑ 과제에 대해 완전히 잊고 있었습니다.
I totally forgot about the homework.
아이 토를리 폴갓 어바웃 더 홈월크.

단어

report 기록,
리포트

submit 제출하다

totally 완전히

forgot 잊었다
'forget'의 과거

deadline과 due date은 동의어로 마감일을 뜻합니다.
영어에서 "~까지"라는 의미를 갖는 전치사는 대표적으로
until과 by가 있는데 위의 상황과 같이 어떤 기간까지 마
무리 해야하는 것에 대해 이야기할 때는 by를 사용합니
다. 예) by tomorrow 내일까지

A : 숙제 마감일이 언제입니까?
When is the deadline for the homework?
웬 이즈 더 데드라인 폴 더 홈월크?

B : 제가 기억을 제대로 한다면 이번 달까지입니다.
If I remember right, it's due this month.
이프 아이 뤼멤벌 롸잇, 이츠 듀 디쓰 먼스.

A : 숙제는 어떻게 되고 있습니까?
How's your homework going?
하우즈 유얼 홈월크 고잉?

B : 이미 제출했습니다.
I have already submitted it.
아이 해브 올뤠디 써브미티드 잇.

A : 아주 이르네요(빠르네요).
That is really early.
뎃 이즈 뤼얼리 얼리.

B : 네, 저는 미루는 걸 아주 싫어해요.
Yes, I hate to procrastinate.
예스, 아이 해잇 투 프로크라스티네잇.

단어

early 이른

procrastinate
미루다

영어로 early는 "이른"이라는 뜻입니다. 우리나라에서도 어떤 일을 빨리하면 "이르다"라고 표현합니다. 우리나라에서는 "빠르다"를 "이르다"의 의미로도 사용할 때가 많지만 영어에서는 early를 쓰는 것이 바람직합니다.

What are you learning nowadays?

왓 얼 유 러닝 나우어데이즈?

"요즘 무엇을 배우고 있습니까?"라는 뜻입니다. 가족, 친구 혹은 지인들에게 안부 인사를 하거나 근황을 물어볼 때 유용하게 사용할 수 있는 표현입니다.

I am learning German nowadays.
아이 엠 러닝 절먼 나우어데이즈.

저는 요즘에 독일어를 배웁니다.

I am learning tango.
아이 엠 러닝 탱고.

탱고를 배우고 있습니다.

I am learning how to read.
아이 엠 러닝 하우 투 뤼드.

어떻게 읽는지 배우고 있습니다.

TIP

무엇을 배운다고 말할 때는 동사 learn을 씁니다. 주로 learn 뒤에 배우는 것을 쓰면 되는데 구체적으로 "어떻게 ~를 하는지 배운다"라고 말하고 싶을 때는 learn 뒤에 how to~를 쓰면 됩니다.
예) learn how to swim 수영을 어떻게 하는지 배운다

☑ 저는 매주 화요일에 통계학을 배웁니다.
I learn statistics every Tuesday.
아이 런 스테티스틱스 에브리 튜스데이.

☑ 그림 강의를 듣고 있습니다.
I am taking a painting course.
아이 엠 테이킹 어 페인팅 콜스.

☑ 두 달 전에 요리를 배우기 시작했습니다.
I started learning cooking two months ago.
아이 스탈티드 러닝 쿠킹 투 먼스 어고우.

☑ 서울에서 피아노를 어떻게 치는지 배우고 있습니다.
I am learning how to play the piano in Seoul.
아이 엠 러닝 하우 투 플레이 더 피아노 인 서울.

German 독일어
tango 탱고
statistics 통계학
painting 그림
piano 피아노

영어로 "수업을 듣다"라고 말할 때는 동사 take를 씁니다. take는 "받다, 가져가다"라는 뜻이지만 뒤에 class 나 course가 나오면 "듣다"라는 뜻이 됩니다. (class와 course의 차이는 class는 수업 하나하나를 의미하고 course는 하나하나의 개설된 강좌를 의미한다는 것입니다)

Part 10 학습

A : 요즘 무엇을 배우고 있습니까?

What are you learning nowadays?

왓 얼 유 러닝 나우어데이즈?

B : 세 달 전에 러시아어를 배우기 시작했습니다.

I started learning Russian three months ago.

아이 스탈티드 러닝 러시안 쓰리 먼스 어고우.

A : 어디에서 러시아어를 배우는데요?

Where do you learn Russian?

웨얼 두 유 런 러시안?

B : 온라인 러시아 강좌를 듣습니다.

I am taking an online Russian course.

아이 엠 테이킹 언 온라인 러시안 콜스.

A : 이제 러시아어로 의사소통할 수 있나요?

Can you communicate in Russian now?

캔 유 커뮤니케잇 인 러시안 나우?

B : 아니요, 아직 갈 길이 멀어요.

No, I have a long way to go.

노우, 아이 해브 어 롱 웨이 투 고우.

단어

Russian 러시아어

online 온라인

communicate
의사소통하다

영어로 "아직 갈 길이 멀었다"라고 말하고 싶으면 I have a long way to go라고 하면 됩니다. 아주 유용한 표현이니 잘 익혀서 사용해보세요.

Do you think English is difficult?

두 유 띵크 잉글리쉬 이즈 디피컬트?

"영어가 어렵다고 생각하시나요?"라는 뜻입니다. 외국 사람들과 영어로 대화를 하다 보면 자주 영어에 대해서 이야기를 하게 됩니다. 관련 표현들을 익혀서 상황에 맞게 사용해보시기 바랍니다.

It is very difficult.
잇 이즈 베리 디피컬트.

아주 어렵습니다.

**Reading is easy,
but speaking is hard.**
뤼딩 이즈 이지, 벗 스피킹 이즈 할드.

읽는 건 쉬운데 말하는 건 어려워요.

**I lived in the US for nine years,
so it's not difficult for me.**
아이 리브드 인 더 유에쓰 폴 나인 이얼스, 쏘 이츠 낫 디피컬트 폴 미.

저는 미국에서 9년 동안 살아서 저한테는 어렵지 않아요.

Part 10 학습

TIP

영어에는 "어려운"을 뜻하는 형용사가 많습니다. 그중에 가장 대표적인 단어는 difficult와 hard입니다. 또 다른 형용사로는 tough(터프) "힘든", 그리고 tricky(츄리키) "까다로운"이 있습니다.

☑ 발음이 아주 어렵습니다.
Pronunciation is very difficult.
프로넌씨에이션 이즈 베리 디피컬트.

☑ 저한테는 쓰는 것이 제일 어렵습니다.
Writing is the hardest one for me.
라이팅 이즈 더 할디스트 원 폴 미.

☑ 영어 문법은 한국 문법과 너무나 다릅니다.
English grammar is so different from Korean grammar.
잉글리쉬 그레멀 이즈 쏘 디프런트 프럼 코뤼언 그레멀.

☑ 잘 모르겠습니다. 저는 아직 기본 표현을 배우고 있습니다.
I don't know. I am still learning basic expressions.
아이 돈 노우. 아이 엠 스틸 러닝 베이씩 익스프레션스.

단어

speaking 말하기
writing 쓰기
grammar 문법
basic expression 기본 표현

한국 사람들에게 영어가 어려운 이유는 한국어와 너무 다르기 때문입니다. 발음, 문법, 문화 등 많은 것이 다르기 때문에 한국에서 자란 사람들이 영어를 잘하는 것은 너무나 어렵습니다. 반면에 일본어와 중국어는 한국어와 비슷한 점이 많아서 상대적으로 배우기 쉽습니다.

A : 영어가 어렵다고 생각하시나요?

Do you think English is difficult?

두 유 띵크 잉글리쉬 이즈 디피컬트?

B : 제 생각에 영어는 한국 사람들에게 아주 어렵습니다.

I think English is very difficult for Korean people.

아이 띵크 잉글리쉬 이즈 베리 디피컬트 폴 코뤼언 피플.

A : 왜 어렵다고 생각하시나요?

Why do you think it is difficult?

와이 두 유 띵크 잇 이즈 디피컬트?

B : 두 언어는 아주 다릅니다. 특히 문법이요.

The two languages are very different. Especially grammar.

더 투 랭귀지스 얼 베리 디프런트. 이스페셜리 그레멀.

A : 그들이 어떻게 하면 그것을 극복할 수 있다고 생각하시나요?

How do you think they can overcome that?

하우 두 유 띵크 데이 캔 오벌컴 뎃?

B : 연습이 완벽을 만들죠.

Practice makes perfect.

프렉티스 메익스 펄펙트.

단어

language 언어

especially 특히

overcome 극복하다

practice 연습

우리나라에도 특정한 것을 강조할 때 "특히"라는 말을 씁니다. 영어에서는 especially가 "특히"라는 뜻을 갖고 있습니다. 유용한 표현이니 잘 익혀서 사용해보세요.

Do you think we should learn English?
두 유 띵크 위 슛 런 잉글리쉬?

"우리가 영어를 배워야 한다고 생각하십니까?"라는 뜻입니다. 상대 방에게 영어를 배우는 것에 대한 의견을 물어볼 때에 사용하는 표현입니다. 영어를 배우고 가르치는 사람들이 흔히 접하는 주제입니다. 관련 표현을 잘 익혀서 사용해보세요.

Yes, I think we should learn English.

예스, 아이 띵크 위 슛 런 잉글리쉬.

네, 영어를 꼭 배워야 한다고 생각합니다.

English is a must nowadays.

잉글리쉬 이즈 어 머스트 나우어데이즈.

요즘 영어는 꼭 배워야 하는 것입니다.

If we can speak English, we can find a job more easily.

이프 위 캔 스픽 잉글리쉬, 위 캔 파인드 어 좝 모얼 이즐리.

영어를 할 수 있으면 우리는 직장을 더 쉽게 찾을 수 있습니다.

TIP 영어에서 must는 조동사로 "~를 해야 한다"라는 뜻을 갖고 있습니다. 하지만 must가 명사로 쓰일 수도 있는데 그 때는 "꼭 해야하는 것" 혹은 "꼭 봐야하는 것"이라는 뜻이 됩니다. 유용한 표현이니 잘 익혀서 사용해보세요.

☑ 요즘에는 영어를 배우기 쉽습니다.

Nowadays, English is easy to learn.

나우어데이즈, 잉글리쉬 이즈 이지 투 런.

☑ 저는 미국 영화를 자막 없이 보고 싶습니다.

**I want to watch American movies
without subtitles.**

아이 원 투 워치 어메리칸 무비스 위드아웃 썹타이틀스.

☑ 우리는 영어를 말할 기회가 별로 없습니다.

We have few chances to speak English.

위 해브 퓨 쳰시스 투 스픽 잉글리쉬.

☑ 저는 우리가 영어를 꼭 배워야 한다고 생각하지
않습니다.

I don't think we should learn English.

아이 돈 띵크 위 슛 런 잉글리쉬.

많은 경우 영어를 배우는 사람들의 목표 중 하나가 자막
없이 영어 방송을 보는 것입니다. 이 때 "자막 없이"를 영
어로 without subtitles라고 합니다. 여기서 without
은 "~없이"라는 뜻이고 subtitle은 "자막"이라는 뜻입니
다. subtitle의 sub는 아래를 뜻하는 접미어인데 자막이
주로 아래에 나오는 것을 생각하면 쉽게 외울 수 있을 것
입니다.

단어

American
movie 미국 영화

subtitle 자막

few 거의 없는

chance 기회

A : 우리가 영어를 배워야 한다고 생각하십니까?
Do you think we should learn English?
두 유 띵크 위 슏 런 잉글리쉬?

B : 네, 영어를 반드시 배워야 한다고 생각합니다.
Yes, I think we must learn English.
예스, 아이 띵크 위 머스트 런 잉글리쉬.

A : 왜 그렇게 생각하시죠?
Why do you think so?
와이 두 유 띵 쏘?

B : 요즘 영어는 국제 공용어이기 때문입니다.
English is a lingua franca nowadays.
잉글리쉬 이즈 어 링구아 프랑카 나우어데이즈.

A : 다른 이유도 있나요?
Any other reasons?
에니 아덜 뤼즌스?

B : 개인적으로 저는 미국 드라마를 자막 없이 보고 싶습니다.
Personally, I want to watch American TV series without subtitles.
펄쓰널리, 아이 원 투 워치 어메리칸 티비씨리즈 위드 아웃 쌥타이틀스.

lingua franca
국제 공용어

personally
개인적으로

American TV
series 미국 드라마

Lingua franca는 "국제 공용어"라는 뜻입니다. 국제 공용어는 서로 다른 나라에서 온 사람들이 언어가 통하지 않을 때 사용하는 공용어입니다. 우리가 영어권이 아닌 다른 나라에 가서 그 나라 말을 못하면 영어를 쓰는 이유가 영어가 국제 공용어이기 때문입니다.

How long have you studied English?

패턴
098

하우 롱 해브 유 스터디드 잉글리쉬?

"영어를 공부한 지 얼마나 되셨나요?"라는 뜻입니다. 영어권이나 다른
나라 사람들과 영어로 이야기를 하면 자주 듣게 되는 질문이니 관련 표현들을
익혀서 상황에 맞게 사용해보시기 바랍니다.

About ten years.
어바웃 텐 이얼스.

10년 정도 됩니다.

Only one month.
온리 원 먼스.

한 달밖에 안됩니다.

**I have studied English
for three years.**
아이 해브 스터디드 잉글리쉬 폴 쓰리 이얼스.

영어를 공부한 지 3년째입니다.

TIP

얼마나 공부했는지 이야기할 때는 간단하게 기간만 말해줘도 됩니다. 하지
만 세 번째 문장처럼 완전한 문장으로 말할 때는 기간 앞에 for을 붙여주어
야 합니다. 여기서 for은 "~동안"이라는 뜻입니다.

Part 10 학습

319

관련표현

☑ 초등학생이었을 때부터입니다.
Since I was an elementary school student.
씬쓰 아이 워즈 언 엘러멘츄리 스쿨 스튜던트.

☑ 2014년도부터입니다.
Since 2014.
씬쓰 투따우전 폴틴.

☑ 10년이 넘었습니다.
More than 10 years.
모얼 덴 텐 이얼스.

☑ 언제 시작했는지 기억이 나질 않네요.
I don't remember when I started it.
아이 돈 뤼멤벌 웬 아이 스탈티드 잇.

기간이 아니라 언제부터 공부했다고 말하고 싶을 때는 for 이 아니라 since를 사용합니다. 용법은 since 뒤에 시작한 시점을 쓰면 됩니다. 잘 익혀서 사용해보시기 바랍니다.

단어

elementary school 초등학교

remember 기억하다

320

A : 영어를 공부한 지 얼마나 되셨나요?
How long have you studied English?
하우 롱 해브 유 스터디드 잉글리쉬?

B : 하다가 말다가 했지만 2년째입니다.
On and off, two years.
온 엔 오프, 투 이얼스.

A : 그런데도 영어를 너무 잘하네요.
But your English is really good.
벗 유얼 잉글리쉬 이즈 뤼얼리 굿.

B : 저는 미국 드라마를 매일 보거든요.
I watch American TV series every day.
아이 워치 어메리칸 티비 씨리즈 에브리 데이.

A : 어쩐지 그래서 유창하군요.
No wonder you are fluent.
노우 원덜 유 얼 플루언트.

B : 저는 그냥 원어민을 흉내 내는 거예요.
I just mimic native speakers.
아이 저스트 미믹 네이티브 스피컬스.

단어

on and off
하다가 말다가

fluent 유창한

mimic 흉내내다

native speaker
원어민

무엇을 배울 때 계속해서 배울 때도 있지만 배우다 말다가를 반복할 때도 있습니다. 이때 사용하는 표현이 on and off입니다. 뜻은 "하다가 말다가"입니다. 아주 유용한 표현이니 꼭 익혀서 사용해보세요.

When is your first class tomorrow?

웬 이즈 유얼 펄스트 클레스 투머로우?

"내일 첫 수업이 언제인가요?"라는 뜻입니다. 학교에 다니는 학생들은 정말 자주 사용하게 되는 표현입니다. 관련 표현을 익혀서 적절한 상황에 사용 해보세요.

My first class starts at 9 a.m.
마이 펄스트 클레스 스탈츠 엣 나인 에이엠.

오전 9시에 첫 수업이 시작합니다.

I don't have a class before noon.
아이 돈 해브 어 클레스 비폴 눈.

정오 전에는 수업이 없습니다.

I don't go to school tomorrow.
아이 돈 고우 투 스쿨 투머로우.

내일은 학교에 가지 않습니다.

TIP

영어로 정오를 noon이라고 합니다. 그래서 오후에 인사를 할 때 after(~후 에) + noon이라고 하는 것입니다. 아침부터 정오 전까지는 morning, 저녁 은 evening, 그리고 밤은 night이라고 합니다. 그리고 한밤중은 midnight 이라고 합니다.

관련표현

☑ 마지막 수업은 언제 끝납니까?
When does your last class end?
웬 더즈 유얼 라스트 클레스 엔드?

☑ 오후에는 수업이 몇 시에 있습니까?
What time does your afternoon class start?
왓 타임 더즈 유얼 에프터눈 클레스 스탈트?

☑ 시험 기간 중에는 수업이 없습니다.
We don't have a class during the exam period.
위 돈 해브 어 클레스 듀어링 디 익젬 피어리어드.

☑ 저는 수업이 월요일, 수요일, 그리고 금요일에만 있습니다.
I have classes only on Monday, Wednesday and Friday.
아이 해브 클레시스 온리 온 먼데이, 웬즈데이 엔 프라이데이.

단어

afternoon class
오후 수업

during ~ 동안

exam period
시험 기간

영어로 시험 기간을 exam period라고 합니다. 미국이나 다른 영어권 나라도 우리나라처럼 중간고사와 기말고사가 있습니다. 중간고사는 mid-term(미드텀)이라고 부르고 기말고사는 finals(파니얼스) 혹은 final exam(파이널 익젬)이라고 부릅니다.

Part 10 학습

A : 내일 첫 수업이 언제인가요?

When is your first class tomorrow?

웬 이즈 유얼 펄스트 클레스 투머로우?

B : 내일은 오후 1시가 첫 수업입니다.

My first class starts at 1 p.m. tomorrow.

마이 펄스트 클레스 스탈츠 엣 원 피엠 투머로우.

A : 정오 전에는 수업이 없나요?

You don't have a class before noon?

유 돈 해브 어 클레스 비폴 눈?

B : 하나 있는데 휴강됐어요.

I have one, but it was cancelled.

아이 해브 원, 벗 잇 워즈 캔쓸드.

A : 그럼 오전에는 무엇을 할 건가요?

What are you going to do in the morning then?

왓 얼 유 고잉 투 두 인 더 몰닝 덴?

B : 숙제를 할 것입니다.

I will do homework.

아이 윌 두 홈월크.

단어

cancel 취소하다,
휴강하다

do homework
숙제를 하다

영어로 휴강을 한다고 할 때는 동사 cancel을 씁니다. 위의 예문에서는 수업이 휴강됐다고 했기 때문에 수동태인 cancelled가 쓰였습니다. 영어의 수동태는 be동사 + 과거분사입니다.

How was the test?
하우 워즈 더 테스트?

"시험 어땠어요?"라는 뜻입니다. 상대방에게 시험이 어땠는지 물어볼 때 사용하는 표현입니다. 특히 학교를 다니는 학생이면 친구들과 많이 이야기하게 되는 주제이니 관련 표현을 익혀서 상황에 맞게 사용해보시기 바랍니다.

It was easier than I thought. 생각했던 것보다 쉬웠습니다.
잇 워즈 이지얼 덴 아이 또트.

Part two was very difficult. 두 번째 파트가 아주 어려웠습니다.
파트 투 워즈 베리 디피컬트.

I have no idea. 잘 모르겠네요.
아이 해브 노우 아이디어.

TIP 영어로 잘 모르겠다고 말하는 방법은 여러 가지가 있습니다. 그중 가장 대표적인 것이 I don't know(아이 돈 노우)이고 그 다음이 I have no idea(아이 해브 노우 아이디어) 입니다. 이 말을 직역하면 "생각이 없다"라는 뜻이지만 "잘 모르겠다"라는 의미로 사용됩니다.

Part 10 학습

☑ 나쁘지 않았어요.
It was not bad.
잇 워즈 낫 베드.

☑ 망친 것 같아요.
I think I ruined it.
아이 띵크 아이 루인드 잇.

☑ 공부한 보람이 있었습니다.
Studying hard paid off.
스터딩 할드 페이드 오프.

☑ 결과가 언제 나오죠?
When does the result come out?
웬 더즈 더 뤼절트 컴 아웃?

단어

ruin 망치다

pay off 결실을
맺다

result 결과

come out 나오다

영어로 paid off라고 하면 "열심히 준비한 것이 결실을
맺었다"라는 뜻이 됩니다. 우리나라 말로 하면 "보람이 있
었다"라고 의역될 수 있습니다. 아주 유용한 표현이니 외
워서 사용해보세요. (현재형: pay off)

A : 시험 어땠어요?

How was the test?

하우 워즈 더 테스트?

B : 생각했던 것보다 쉬웠습니다.

It was easier than I thought.

잇 워즈 이지얼 덴 아이 또트.

A : 정말요? 다른 학생들은 어렵다고 했어요.

Really? Other students said it was difficult.

뤼얼리? 아덜 스튜던츠 쎄드 잇 워즈 디피컬트.

B : 이 시험을 위해 아주 열심히 공부했어요.

I studied really hard for this test.

아이 스터디드 뤼얼리 할드 폴 디쓰 테스트.

A : 그렇군요. 제 생각에 당신은 아주 근면하고 똑똑한 것 같아요.

I see. I think you are very industrious and smart.

아이 씨. 아이 띵크 유 얼 베리 인더스츄리어스 엔 스말트.

B : 칭찬해주셔서 감사해요.

Thank you for the compliment.

땡큐 폴 더 컴플리먼트.

단어

industrious
열심히 하는,
근면한

smart 똑똑한

compliment
칭찬

영어로 "근면한"을 industrious라고 합니다. 이 단어는 "산업"이라는 뜻을 갖고 있는 industry에서 나왔습니다. 우리가 어떠한 산업에 종사할 때 근면하게 일해야 한다는 것을 연상하면 쉽게 외울 수 있을 것입니다.

★ 091 질문이 있습니까?

Any questions?

에니 퀘스천스?

★ 092 전공이 무엇인가요?

What's your major?

와츠 유얼 메이절?

★ 093 당신은 캠퍼스에서 사십니까?

Do you live on campus?

두 유 리브 온 캠퍼스?

★ 094 마감일이 언제입니까?

When is the deadline?

웬 이즈 더 데드라인?

★ 095 요즘 무엇을 배우고 있습니까?

What are you learning nowadays?

왓 얼 유 러닝 나우어데이즈?

★ 096 영어가 어렵다고 생각하시나요?

Do you think English is difficult?

두 유 띵크 잉글리쉬 이즈 디피컬트?

★ 097 우리가 영어를 배워야 한다고 생각하십니까?

Do you think we should learn English?

두 유 띵크 위 슛 런 잉글리쉬?

★ 098 영어를 공부한 지 얼마나 되셨나요?

How long have you studied English?

하우 롱 해브 유 스터디드 잉글리쉬?

★ 099 내일 첫 수업이 언제인가요?

When is your first class tomorrow?

웬 이즈 유얼 펄스트 클레스 투머로우?

★ 100 시험 어땠어요?

How was the test?

하우 워즈 더 테스트?